中国软科学研究丛书

丛书主编：张来武

“十一五”国家重点图书出版规划项目

国家软科学研究计划资助出版项目

融资租赁与节能环保投融资

史燕平　刘若鸿　安祺　著

科学出版社
北京

内 容 简 介

我国能源消费量大且利用率低，环境污染严重，节能减排迫在眉睫。然而，我国节能环保技术企业多为中小企业，难以获得传统投融资途径的支持。本书通过对融资租赁交易机制的深度剖析，结合德国和日本等国在节能环保投融资领域中对融资租赁的应用实践，设计了我国运用融资租赁服务节能环保投融资的交易机制平台，给出了有针对性的、可行的绿色金融解决路径，有效地解决了我国节能环保产业中中小节能环保技术服务机构资金匮乏的问题。

本书可供节能环保和融资租赁领域的政策制定者、从业者或研究人员参考，也可供研究绿色金融的银行、证券、保险、基金等领域的研究与从业人员使用。

图书在版编目(CIP)数据

融资租赁与节能环保投融资/史燕平，刘若鸿，安祺著. —北京：科学出版社，2015.6

(中国软科学研究丛书)

ISBN 978-7-03-044932-0

Ⅰ.融… Ⅱ.①史…②刘…③安… Ⅲ.①环保产业-融资租赁-研究-中国 Ⅳ.①F832.49

中国版本图书馆CIP数据核字(2015)第128505号

丛书策划：林 鹏 胡升华 侯俊琳
责任编辑：杨婵娟 乔艳茹/责任校对：胡小洁
责任印制：李 彤/封面设计：黄华斌 陈 敬

科学出版社出版
北京东黄城根北街16号
邮政编码：100717
http://www.sciencep.com
北京凌奇印刷有限责任公司 印刷
科学出版社发行 各地新华书店经销

*

2015年7月第 一 版 开本：720×1000 1/16
2022年6月第五次印刷 印张：10 3/4
字数：206 000
定价：78.00元
(如有印装质量问题，我社负责调换)

“中国软科学研究丛书”编委会

总　序　PREFACE

软科学是综合运用现代各学科理论、方法，研究政治、经济、科技及社会发展中的各种复杂问题，为决策科学化、民主化服务的科学。软科学研究是以实现决策科学化和管理现代化为宗旨，以推动经济、科技、社会的持续协调发展为目标，针对决策和管理实践中提出的复杂性、系统性课题，综合运用自然科学、社会科学和工程技术的多门类多学科知识，运用定性和定量相结合的系统分析和论证手段，进行的一种跨学科、多层次的科研活动。

1986 年 7 月，全国软科学研究工作座谈会首次在北京召开，开启了我国软科学勃兴的动力阀门。从此，中国软科学积极参与到改革开放和现代化建设的大潮之中。为加强对软科学研究的指导，国家于 1988 年和 1994 年分别成立国家软科学指导委员会和中国软科学研究会。随后，国家软科学研究计划正式启动，对软科学事业的稳定发展发挥了重要的作用。

20 多年来，我国软科学事业发展紧紧围绕重大决策问题，开展了多学科、多领域、多层次的研究工作，取得了一大批优秀成果。京九铁路、三峡工程、南水北调、青藏铁路乃至国家中长期科学和技术发展规划战略研究，软科学都功不可没。从总体上看，我国软科学研究已经进入各级政府的决策中，成为决策和政策制定的重要依据，发挥了战略性、前瞻性的作用，为解决经济社会发展的重大决策问题作出了重要贡献，为科学把握宏观形势、明确发展战略方向发挥了重要作用。

20 多年来，我国软科学事业凝聚优秀人才，形成了一支具有一定实力、知识结构较为合理、学科体系比较完整的优秀研究队伍。据不完全统计，目前我国已有软科学研究机构 2000 多家，研究人员近 4 万人，每年开展软科学研究项目 1 万多项。

为了进一步发挥国家软科学研究计划在我国软科学事业发展中的导向作用，促进软科学研究成果的推广应用，科学技术部决定从 2007 年起，在国家软科学研究计划框架下启动软科学优秀研究成果出版资助工作，形成“中国软科学研究丛书”。

“中国软科学研究丛书”因其良好的学术价值和社会价值，已被列入国家新闻出版总署“‘十一五’国家重点图书出版规划项目”。我希望并相信，丛书出版对于软科学研究优秀成果的推广应用将起到很大的推动作用，对于提升软科学研究的社会影响力、促进软科学事业的蓬勃发展意义重大。

科技部副部长

2008 年 12 月

目　录　CONTENTS

第一章 节能环保产业、资金融通及融资租赁

第一节 节能环保产业概述

一 经济发展与广义的环境保护

环境问题，正日益成为世界各国共同面临的一个严峻挑战。在过去的200年间，人类过分追求发展所带来的满足及发展的速度，而忽视发展所带来的负面效应，致使其在极大满足自身物欲的同时，也给自身未来的发展埋下了诸多隐患，这些问题随着时间的推移越来越明显地暴露出来，威胁到人类自身的生存和发展，如温室效应、水污染等问题。正因为此，环境保护成为发展经济学所关注的一个方面。从发展经济学的角度来看，环境保护是指人类社会在发展的过程中，尽可能地实现人口、资源和环境之间的良性循环，从而使人类的经济发展具有可持续性。

从操作层面上讲，环境保护也就是指在保障经济增长的同时，我们人类要采取各种技术措施，在生产经营和生活的过程中，尽可能地提高各种资源的利用效率，尽可能地减少资源利用后所形成的污染物给地球造成的生态破坏。因此，所有有利于提高资源使用效率和减少资源利用对地球大气、土壤和水域破坏程度的措施，都是环境保护措施，也可称之为广义的环保措施。

由于污染物对地球生态的破坏途径和影响范围不同，相应地，可采取的治理措施和可适用的制度安排也不尽相同。因此，根据国际上不同污染物治理的制度安排及我国的具体情况，结合本书的研究目的，即探讨如何运用恰当的金融工具及相应的投融资制度安排来推动我国环境保护措施的实施，本书将各种环境保护措施归结为节能和环保两个方面（此处的环保，特指除节能以外的环境治理措施，亦可称为狭义的环保；在下文中，如果不特别说明，所有的环保均指狭义的环保），主要研究企业及事业单位等法人机构在环境治理中的投融资问题，未将自然人的环境保护问题纳入本书的研究范围。

二 节能环保产业的基本内含、产生与发展

节能环保，是“节能减排、环境保护”的缩写，是在广义的环境治理过程

中，根据主要环境污染物对环境破坏的途径和影响范围的不同而划分的两大类环境治理措施，是我国政府及企业等社会各界，为了应对在经济快速发展的进程中所伴随的严重的环境破坏，同时也是响应联合国等国际机构所发起的环境保护运动而提出的一项基本国策。

节能减排，主要针对人类社会在生产生活过程中，在消耗煤炭、石油等传统能源时所产生的排放物的治理。国际上的习惯表述是提高能源利用效率，而我国的习惯表述为节约能源消耗。由于传统能源消耗物的排放途径，主要是向大气层中排放二氧化碳和其他一些有害气体，而二氧化碳等有害气体又具有通过大气传播的特性，所以，任何一国的碳排放，都会对整个地球的生态环境造成影响，因此，二氧化碳等有害气体的排放也成为世界各国共同关注的排弃物治理问题。从《联合国气候变化框架公约》到《京都议定书》① 等国际环境治理的协定，都是针对这类排弃物而达成的国际共识。在我国，负责节能减排具体政策制定与协调的政府职能部门，主要是国家发展和改革委员会（以下简称国家发改委）。出于管理便利的需要，国际机构已将二氧化碳等有害气体的排放，简称为碳排放，并且为了管理和交易的需要，有时还采用统一的单位来表述排放物，即单位碳排放。

节能减排的目标，按照世界能源委员会 1979 年提出的定义，就是使人类社会在不缩减生产经营规模的前提下，通过技术上可行、经济上合理、环境和社会可接受的一切措施，来提高能源资源的利用效率，达到降低单位能耗直至降低能源消耗总量的目的；或者增加对不产生二氧化碳等有害气体排放的可再生能源的利用，以减少对传统能源的消耗，最终达到减少碳排放从而改善大气环境的目的。

环境保护，也可表述为环保减排，主要针对人类社会在生产生活过程中所排放的除二氧化碳等有害气体之外的污染物的治理。现实生活中，这类污染物主要集中在工业生产时所排放的“三废”（废水、废气和废渣），以及城市生活污水、垃圾。在人类关注环境保护问题之前，这些污染物往往以工业废物的形式，直接排放到企业所在地的土壤、河流或海域中，给周边地区的人类生存造成极大的危害。由于这类排放物的污染途径具有显著的地域性，所以这类污染物的治理也就带有较强的国别性。尽管世界各国都已开始关注工业污染物和城市污水、垃圾的处理问题，但鲜有类似于碳排放治理的国际直接协调与合作。在我国，直接负责环境减排具体政策制定与协调的政府职能部门，主要是环境保护部（简称环保部）及其下属部门。

---

① 国际社会在 1992 年制定了《联合国气候变化框架公约》，并于 1997 年 12 月在日本京都召开的《联合国气候变化框架公约》第三次缔约方大会上达成了《京都议定书》。

环保减排的目标，在本质上与节能减排的目标是一致的，即通过各个生产企业单独或者专门从事污染物治理与再利用的环保企业和城市市政部门所采取的技术上可行、经济上合理、环境和社会可接受的一切措施，来改变这些污染物的物理特性或化学结构，或者是开发对这些污染物的新的利用途径等，以减小其对地球土壤、河流、海域和空气的破坏程度。

所有节能减排和环保减排的交易主体、交易行为，以及相关设备的制造与制度安排，共同构成了我国的节能环保产业。

世界环境保护运动的兴起，始于20世纪70年代，是世界上兴起的企业社会责任运动的重要组成部分。2000年，联合国发起有关企业公民的“全球契约”活动，推动了企业社会责任运动的进一步发展。

我国把包括节能减排和环境减排在内的环境保护宣布为一项基本国策，始于1983年，并为此颁布了一系列法律、法规来保证该项国策的执行。

“十一五”期间，国务院将单位国内生产总值能耗下降20%、主要污染物排放总量减少10%列入“十一五”经济和社会发展约束性目标，将节能减排作为调整经济结构、转变发展方式的突破口和重要抓手，实行节能减排目标责任评价考核，实施节能环保设备、资源综合利用产品税收优惠和节能改造财政奖励等一系列政策措施。国家在保增长、扩内需、调结构、惠民生一揽子计划中，把节能减排作为重要内容，实施“节能产品惠民工程”，推广高效节能产品，鼓励扩大城镇污水与垃圾处理设施建设、重点流域水污染防治和生态建设工程的投资。2009年11月26日，国家提出控制温室气体排放的行动目标，即至2020年，单位国内生产总值二氧化碳排放量比2005年下降40%～45%，作为约束性指标纳入国民经济和社会发展中长期规划，并将采取有力措施加以推进。

坚持环保优先、节约优先的发展方针，提高能耗和污染物排放标准，提高废气、污水排污费征收标准，采取一系列措施加大节能减排和环保减排的推动力度，正普遍成为我国各级政府的工作重点。

在“十二五”全国主要污染物排放总量控制规划中，二氧化硫、化学需氧量、氨氮、氮氧化合物平均排放量，在2015年年末要分别比2010年年末下降10%。规划同时要求在“十二五”期间万元国内生产总值能耗下降到0.68吨标准煤，比2010年的0.81吨标准煤下降16%。

“节能环保”是一个高度概括性的概念，其内涵和外延并没有一个为世人公认的明确的表述。现实中，受污染物类型和国际机构，以及我国相关政府职能部门的影响，我国政府、学者在使用这个概念时的具体所指，有时有显著区别，有时又是泛指整体的环境保护。

本书将节能环保或曰笼统意义上的环境保护，区分为节能减排和环保减排两个方面，主要目的是考虑到这两种类型的环境治理措施，在对投融资的影响上有着显著的区别。本书从投融资制度安排的角度出发，将分别探讨在这两种不同类型的环境治理措施下，如何结合金融工具的特性，恰当地选择不同的金融工具，来有效地解决我国整体环境保护过程中所面临的巨大资金缺口。

节能减排和环保减排这两种环境治理措施，在对投融资的影响上有着显著的差异。实施节能减排措施后，一方面，对于直接消耗能源的企业，可因能源的节约或能耗效率的提高产生直接的经济效益，因此，直接消耗能源的企业有内在动力进行节能减排投融资；另一方面，提供节能服务，帮助耗能方降低能耗的企业，可以通过与耗能企业就节能效益分成的方式来收回投资，获得投资回报。在节能减排领域，市场之手发挥着巨大作用，市场在推动节能减排领域的投融资行为。

但在环保减排领域，市场之手的作用较小。对于污染企业本身而言，任何污染治理措施，都会增加其投资，增加其生产成本。尽管所有的污染治理措施，对人类社会的效益都是显著的，却不会给污染企业自身带来直接的效益，反而还要增加它的投资和成本。对单个主体而言，环保减排措施往往具有强烈的外部负效应。受此影响，污染企业和污染治理企业之间，也不存在类似上述耗能企业与节能企业之间的利益分成关系，污染治理企业对环保减排的投融资动力也不足。因为环保减排在一定意义上具有公共产品的属性，从而存在一定程度的市场失灵。

三 按投融资关系对节能环保产业参与主体的分类

从投融资的角度研究节能环保产业时，首先要搞清楚市场参与主体及其相应特征。因为不同的参与主体，在节能环保理念、投融资需求、节能环保投资收益的安排等诸多方面，有很大的差别。所以，只有先从节能环保产业投融资的角度，将节能环保产业市场参与主体的类型划分清楚，才有利于我们明确需要研究的重点问题。根据参与主体所涉及污染物类型的不同、在节能环保产业治理过程中所处角色的不同，以及在节能环保市场上所处地位的不同，相关参与主体可有如下分类。

本书对参与主体的分类，与绝大多数节能环保研究文献中主要侧重于依据污染物类型、技术手段不同，本书主要从产业主体参与节能环保的不同目的、发挥的不同作用出发，进而分析其参与方式上的差异，最终根据其参与过程中的不同投资方式，特别是不同融资方式，以及投融资方式选择与组合上的差异进行分类。

1. 按参与主体在节能环保产业中所扮演的角色不同划分

节能环保分为节能减排和环保减排。根据参与主体所扮演的角色不同，可将节能减排领域的参与主体划分为用能者与节能者；将环保减排领域的参与主体划分为排污者与污染治理者。

1）用能者与节能者

用能者，是指从能源消耗角度对节能减排参与主体的归类，是指在全社会生产、生活中，使用和消耗能源，特别是煤、石油等传统能源的各个主体。

根据用能者法律性质的不同，我们对用能主体还可进一步细分，用能者还可分为：一是非经营性单位（有时也可简称为用能单位），如政府大楼、学校、医院等，这些单位属于事业单位，不需要缴纳企业所得税；二是经营单位，也就是生产性企业（主要是增值税纳税人）或者服务性企业（主要是营业税纳税人）。并且，相对于非经营单位，无论是生产性企业还是服务性企业，都需要缴纳企业所得税。

相对于上述两类法人机构而言，用能者也可以是消费者个人。鉴于融资租赁基本上属于企业金融的范畴，所以，本书的研究对象，未将消费者个人的节能问题囊括在内。

在现实社会中，人们也常常采用用能企业、耗能者、耗能企业等词表述用能者。本书将尽量统一采用“用能者”的表述，但在特定语境下，也会采取类似的表达方式。

与用能者相对的是节能者。节能者，是指为了帮助用能者降低能耗而从事生产经营活动的企业。根据其所发挥节能作用的不同方式，节能企业可进一步分为四种情况：节能设备制造商、可再生能源（如风力、垃圾发电等）设备制造商、可再生能源服务运营商和节能项目服务商。节能者，因其均为生产经营企业，所以又常以节能企业来表述。

节能设备制造商是指生产制造节能设备的厂商。顾名思义，节能设备是指减少从能源生产到消费各个环节中的能量损失、浪费的装置或技术。

可再生能源设备制造商主要是指太阳能设备（太阳能专利、光伏产品、太阳能灯、光热产品、太阳能热水器、太阳能热水器配件）、风能设备（风能专利、风力发电机组、风电叶片材料、风力发电机及其器件、风电塔筒及其材料、风电化工材料、测风防雷设备、风电母线、风电控制系统、加工检测设备、风电传动设备）、生物质能（生物质能专利、生物质原料、生物柴油、燃料乙醇、乙醇汽油、甲醇、甲醇汽油、二甲醚）和其他可再生能源（核能、氢能、地热能、海洋能）设备（燃料电池、锂电池、可再生能源汽车）的制造商。

可再生能源服务运营商是指独立开展可再生能源制造（如太阳能发电、风能发电）或可再生能源载体制造（如生产生物柴油）的企业，以及为他方提供可再生能源/可再生能源载体制造相关的设计、采购、安装、监测、维修、培训、运营、咨询等服务的企业。

节能项目服务商，在国外被称为节能服务公司（energy services company，ESCo)，在国内被广泛地称为合同能源管理公司（energy management contracting company，EMCo)。该类公司是一种基于合同能源管理（energy management contracting，EMC）机制运作的、以盈利为直接目的、专注于提高能源使用效率的专业化公司。节能项目服务商与愿意进行节能改造的用能用户签订节能服务合同，从节能项目投融资安排的角度讲，途径有二：一是以投资的方式，向用户提供能源使用效率审计、节能项目设计、原材料和设备采购、试工、检测、培训、运行管理等一条龙服务；二是单纯地只提供相关技术服务，而由节能用户自主投资全部的节能项目。其盈利点在于与用户分享项目实施后产生的节能效益。

合同能源管理，在国外简称 EPC（energy performance contract)，在国内过去被广泛地称为 EMC，现已与国际接轨，也称为 EPC，它是 20 世纪 70 年代在西方发达国家开始发展起来的一种基于市场运作的全新的节能机制。合同能源管理不是推销产品或技术，而是推销一种减少能源成本的财务管理方法。EPC 公司的经营机制是一种节能投资服务管理；客户见到节能效益后，EPC 公司才与客户共同分享节能成果，从而取得双赢效果。

合同能源管理模式在欧美等发达地区非常盛行，也是最主要的一种市场化节能机制。我国 20 世纪 90 年代通过世界银行全球环境基金项目，在山东、北京和大连开展试点。目前，已有 20 余个省市出台文件，鼓励发展节能服务产业。

国务院办公厅 2010 年 4 月 2 日转发了国家发改委、财政部、中国人民银行、国家税务总局四部委《关于加快推行合同能源管理 促进节能服务产业发展的意见》(以下简称《意见》)。《意见》提出，将采取资金补贴、税收、会计和金融四方面措施推动合同能源管理发展。《意见》同时明确，到 2012 年，扶持培育一批专业化节能服务公司，发展壮大一批综合性大型节能服务公司。到 2015 年，建立比较完善的节能服务体系，使合同能源管理成为用能单位实施节能改造的主要方式之一。

2）排污者与污染治理者

排污者，是从除二氧化碳等有害气体之外的污染物排放角度对排污主体进行的归类，这类污染物的排放主体，主要集中在工业生产中排放“三废”（废水、废气和废渣）的制造业企业，如排放污水的制药厂、造纸厂，煤炭开采过程中排放二氧化硫、氧化氮、硫化氢等的工厂，以及生活和工作在城市的人们所产生的城市污水与生活垃圾。

与排污者相对的是污染治理者，即直接从事污染物专业化处理的企业或主要协助排污者处理污染物的企业，其主要治污措施有污水处理、固废处理及脱硫脱硝。根据污染治理企业治理污染的不同方式，污染治理企业可进一步分为三种情况：各种专业化的污水及固废处理设备制造商；专门从事特定污染物集中治理的企业，如集中进行工业或城市污水处理的水务企业和城市垃圾/污水处理厂等；合同环境服务公司。

固废处理设备制造商是指生产和制造固体废物处理设备的生产商。固体废物指人们在生活和生产活动中不可避免产生的一些目前看来已完全或基本丧失使用价值的固态或半固态废弃物质。

水务公司是指制水公司（负责生产自来水）、供水公司（销售自来水，一些地方制水公司和供水公司是合在一起的，统称自来水公司）、污水公司（负责污水处理）和一些相关的市政公司（主要是进行配套工程建设和管理）。

城市垃圾处理厂是指城市中固体废物混合体（包括工业垃圾、建筑垃圾和生活垃圾）的处理厂。

合同环境服务公司是指专门提供环境服务的公司。合同环境服务，即用户获得了既定的环境效果，才付费给治理企业。合同环境服务的需求决定了其责任主体包括两类：第一类为排污企业（工业企业），即“谁污染谁负责”；第二类为地方政府，以收费的方式将环境责任集中起来，进而由政府集中采购环境治理服务。这两类责任主体以合同或契约的方式，向专门提供环境服务的公司采购明确的环境服务，并依据环境效果支付相应的费用。这种形式决定了合同环境服务的特点，即选择第三方提供外部服务并且以服务前后的环境效果差来计费。

3）用能者与节能者和排污者与污染治理者分类方法的逻辑内涵

如上所述，与我国绝大多数研究节能环保产业的文献所采用的分类方法不同，本书将用能者与节能者和排污者与污染治理者作为本书研究的基本分类方法。因为在这样的分类方法中，暗含着我国节能环保产业中两个非常重要的逻辑关系。第一，节能环保产业的目标是统一的，即无论是节能项目还是环保项目，二者都是以改善我国环境状况，实现我国社会人与自然的和谐发展为目标的，节能环保构成一个统一的产业。第二，从市场运行机制和我国政府相关的职能部门角度讲，节能与环保之间又存在着一些区别。合同能源管理机制已成为提高传统能源使用效率、减少二氧化碳等污染气体排放的一种成熟的市场运行机制，其相对应的职能部门是发改委。而特指以固体污染物排放及治理为主的排污和污染治理，尚未形成一种成熟有效的市场运行机制，基本还是以行政的手段来督促企业进行污染治理，其对应的职能部门是环保部（局）。

鉴于此，本书将节能环保产业中的相关主体，根据它们之间存在的上述差异，而做出用能者与节能者和排污者与污染治理者这种既相关又有差异的分类。并在下文的建议中，针对不同的当事人主体，而设计出不同的节能环保融资租赁方案。

2. 按参与主体在节能环保产业中的不同地位划分

在节能环保产业的众多参与主体中，按其地位不同可划分为两类：非市场主体——各国政府及国际机构；市场主体——企业和个人。节能环保特别是环保减排属于一定程度上的公共产品，推广节能环保产业特别是环保减排是政府的责任。政府通过直接提供资金支持、给予政策优惠、监控惩处等方式参与到节能环保产业中来，政府行为直接或间接地影响市场主体的利益，进而影响其决策，促进节能环保产业的发展。国际机构一般包括政府间机构和非政府组织两类，这些国际机构为全人类的可持续发展而推动节能环保产业发展。实际上，一些政策性金融机构（如世界银行、亚洲开发银行等）虽属市场主体，但因其业务经营政策性较强，也可归入此类。

企业和个人，作为微观主体，既是环境改善的受益者，也是节能环保产业的参与者。企业和个人的参与，可分经济利益驱动与社会责任驱动，或者称之为主动与被动。对于耗能企业与个人，通过实施提高能效的措施，可降低原有的能源消耗，产生直接的经济利益。从这个意义上讲，耗能企业有主动采取节能措施的内在动力，同时也达到节能减排的社会效果。对污染企业而言，各种污染物治理的结果，可能带来额外的经济效益，如一些可改变污染物用途的治污措施，可给污染企业带来治理污染物的内在动力；但还有许多的污染物治理，对污染企业而言，只是增加治理成本，其产生的收益是自然环境的改善（公共产品），这种收益不能被其独享，也不能直接转化为财务利益，因而其污染治理缺乏内在动力。这类企业，在政府的强制要求或政策的引导下，被动地参与节能环保产业，履行社会责任。

第二节　节能环保产业的投融资

一　节能环保产业投资需求巨大

要实现节能减排和环保减排的目标，无论是通过调整产业结构，还是延长企业加工生产的产业链，抑或是采用新设备或新技术，其对投资的需求，都是毋庸置疑的。并且，节能环保领域的投资需求，还具有不同投资主体投资意愿强弱不同、投资规模大、投资成本高、投资回报周期长等特征。详细内容参见本书第二章。

二 节能环保产业的主要融资渠道及其特征

节能环保产业，既是一种国际合作，更是包括我国在内的许多国家的政府意志，也是一种商业活动。节能环保产业的这三个特点也就决定了其资金来源与国际合作、政府支持、市场经济有关。纵观世界各国节能环保产业在融资模式上的实践，可大体归纳为以下七种融资渠道。

1. 国际金融机构或本国政策性金融机构的节能环保专项贷款

1）内涵

国际金融机构是指为了达到共同目的，由数国联合兴办的在各国间从事金融活动的机构。根据业务范围和参加国的数量，国际金融机构可分为全球性国际金融机构和地区性国际金融机构两大类。前者主要指国际货币基金组织和世界银行；后者主要指国际投资银行、国际清算银行、亚洲开发银行等。

从投资目的角度讲，世界银行集团和几大洲的开发银行，常常致力于直接促进经济发展的长期投资。而节能环保恰恰是新形势下，有利于世界经济可持续发展的一项重要的经济活动，从而引起了世界银行集团的关注，并促使其向发展中国家发放用于节能环保的专项贷款。此种专项贷款的典型特征是利率水平低，融资期限长。但其一大缺陷在于其规模有限。因此，国际金融机构的节能环保专项贷款更多是一种示范效应，无法为节能环保产业的发展提供持续的、大规模的资金。

各国为推行本国的经济战略、达到本国的社会目标，往往会设立政策性金融机构。政策性金融机构是指那些由政府或政府机构发起、出资创立、参股或保证的，不以利润最大化为经营目的，在特定的业务领域内从事政策性融资活动，以贯彻和配合政府的社会经济政策或意图的金融机构。我国的政策性金融机构主要有国家开发银行、中国进出口银行、中国农业发展银行、中国出口信用保险公司等。

发达国家对节能环保较为重视，这种国家意志体现在其政策性金融机构的经营行为中。德国在发展战略性新兴产业特别是节能环保产业的过程中，企业融资的主要渠道是银行贷款，尤其是本国政策性金融机构的贷款。一个显著的例子是，德国复兴信贷银行（KFW）为德国可再生能源企业融资做出了巨大的贡献。该银行对可再生能源企业融资给予了较大的利率优惠，自 1990 年开始，德国复兴信贷银行为私营企业从事生物质能开发提供低息贷款，较市场利率低 50%左右。在与企业的关系上，德国的政策性银行并不停留在为以节能环保为代表的新兴产业企业提供各类贷款上，而且还协助企业发行股票和债券，并持有企业股份。日本的政策性银行对节能减排和环保产业的金融支持主要体现在优惠的贷款利率和较长的还款期限上。在日本，属于节能环保和可再生能源开发性质的设备更新改造和技术开发项目都可以享受国家规定的特别利率。2004年日本中小企业节能贷款享受一级特别利率，规定的对象设备有91种，贷款限额为2.7亿日元，还贷期达15年。

2）特点及适用性

国际金融机构及本国政策性金融机构的节能环保专项贷款的主要特点有：融资期限长，融资期限一般与项目匹配，有的在10年以上；利率通常低于市场水平，这也是“政策性”的集中体现；贷款条件较一般商业银行简单，政策性贷款更大程度上考虑执行特定的国家政策，授信门槛一定程度上得以降低；融资规模稳定，以示范效应为主。就其局限性而言，此类融资安排的专项性和时效性强，并非市场化融资方式，所以不可能成为节能环保产业发展的常态资金来源。

2. 以碳交易为基础的资金来源

1）内涵

碳交易是为促进全球温室气体减排，减少全球二氧化碳排放所采用的市场机制。联合国政府间气候变化专门委员会通过艰难谈判，于1992年5月9日通过《联合国气候变化框架公约》。1997年12月于日本京都通过了该公约的第一个附加协议，即《京都议定书》。《京都议定书》把市场机制作为解决以二氧化碳为代表的温室气体减排问题的新路径，即把二氧化碳排放权作为一种商品，从而形成了二氧化碳排放权的交易，简称碳交易。

碳交易的基本原理是，合同的一方向另一方购买温室气体减排额。买方购买温室气体减排额后，实现了政府或国际协议对其减排的强制性要求或者作为一种自愿减排行为；卖方按照碳交易机制实施减排后，获取《联合国气候变化框架公约》执行理事会（EB）等机构的认证后即可在碳交易市场将形成的减排额出售获取收益。从卖方的角度看，卖方的节能环保行为获得了买方的资金支持，碳交易实际上是一种无成本的节能环保融资机制。

碳交易的形成原因是国际协定对各参与国特别是发达国家有明确、定量的强制减排义务要求。由于发达国家的能源利用效率高，能源结构优化，新的能源技术已被大量采用，因此本国进一步减排的成本高，难度较大；而发展中国家能源利用效率低，减排空间大，成本也低。这导致了同一减排量在不同国家之间存在着不同的成本，形成了价格差。发达国家有需求，发展中国家有供应能力，碳交易市场由此产生。清洁发展机制（clean development mechanism，CDM）、排放贸易（emissions trade，ET）和联合履行（joint implementation，JI）是《京都议定书》规定的3种碳交易机制。清洁发展机制主要是发达国家与发展中国家之间的碳交易；联合履行主要是发展中国家之间的交易；排放贸易主要是发展中国家的减排额国家登记机构之间的交易。

2）特点及适用性

碳交易机制提供的资金来源或曰无成本融资有利于鼓励企业主动参与到节能环保产业特别是节能减排中去。因为这种机制为节能减排提供了内在的利益驱动。同时，碳交易机制已日趋成熟，较有影响力的碳交易所有欧洲联盟（以下简称欧盟）的欧盟排放权交易制（European Union Emission Trading Scheme，EU ETS）和英国的英国排放权交易制（Emissions Trading Group，ETG）；除此之外，还有美国的芝加哥气候交易所（Chicago Climate Exchange，CCX）、澳大利亚的澳洲气候交易所（Australian Climate Exchange，ACX）和中国的天津排放权交易所（Tianjin Climate Exchange，TCX）。

碳交易机制的主要局限在于：首先，其主要针对节能减排领域，其对环保减排的影响微乎其微。因为碳交易机制关注的主要是可在大气层跨国界流动的以二氧化碳为代表的 6 种温室气体；其次，体现在其对节能减排行业的限制上，目前，只有钢铁、炼油、发电、建材、玻璃、造纸、航空 7 个行业的节能减排可以纳入碳交易机制中；最后，碳交易机制中可获得认证的节能减排项目一般开发时间长、风险因素多，一旦与碳交易机制要求的标准有差异，未能获得认证，则无法从碳交易中获取收益。

3. 以本国财政资金为基础而对节能环保产业的投资优惠

1）内涵

从财政的角度出发，政府对节能环保产业的支持主要有两个方面：一是财政资金支持；二是财政政策支持。前者主要采取财政贴息和成立担保公司两种形式，直接增加财政支出；后者主要体现在投资税收抵免上，通过减少企业应纳税收而间接增加财政支出。上述两方面的财政支持措施直接或间接作用于节能环保产业融资的具体交易，提升了私人投资意愿，撬动了私人投资规模，带动了银行贷款，最终达到解决节能环保产业投资项目所需资金来源的目的。所以，财政对节能环保产业的融资，主要发挥着杠杆效应。

财政资金支持的两种形式——财政贴息和成立担保公司，主要是为了解决节能环保产业向银行贷款难的问题。财政贴息是指国家为扶持节能环保产业，对商业银行发放的贷款给予利息补贴。财政贴息的具体程序是在企业的贷款过程中，企业到期负责还本，利息由财政支付，根据支持程度的不同，政府可能补贴全部利息或仅补贴一部分利息。财政贴息降低了企业的融资成本，减轻了企业的负担。成立担保公司是指由财政单独出资，或者财政与环保产业协作组织共同出资，以解决节能环保产业融资难问题为目的，成立专业担保公司，为相关企业提供融资担保。与担保的三种形式相对应，该种融资担保公司利用自身信用或资产为借款企业提供保证、抵押、质押担保。担保费率一般低于普通商业担保公司费率，甚至免费。凭借该种专业担保公司的担保，借款企业的客户评级得以提高，满足了商业银行发放贷款的授信要求。

财政政策支持——投资税收抵免，是指实施节能环保项目投资的企业，可按照税法所规定的比例，冲抵其应纳的税额。根据可冲抵税收的不同，具体包括企业所得税的抵免和生产经营税收的抵免。例如，美国国内税务局（IRS）规定，投资于光伏等可再生能源的投资税收抵免比例是10%。如果一个企业投资于该类项目的投资额为100万美元，则其实际应纳的企业所得税金额，是其应纳税所得额扣除10万美元后再乘以所得税率。即企业节约的税收为：投资额×10%×所得税率。企业节约的税收相当于财政对该项投资的专项补贴，也减小了其投资回收的不确定性，增加了项目的现值。这对于支持项目投资的决策非常有利，也因此对节能环保产业的发展，起到了有效的促进作用。

2）特点及适用性

运用财政手段支持节能环保产业的发展，有其内在的合理性。节能环保项目具有投资期限长、收益低等特点，导致节能环保项目对一般商业资金的吸引力较差。同时，节能环保产业的发展有利于推动社会公益事业的发展，促进社会进步。从这个意义上讲，节能环保产业有外部正效应，特别是特定领域的环保产业因收益很低甚至无收益，类似于公共产品。因此，政府有责任也有必要通过财政支持节能环保产业融资。当然，节能环保产业的发展并不能过分依赖财政。首先是财政资源的有限性；其次，一国财政收入水平较低时，更无法实现对节能环保产业的持续支持；最后，财政支持多是无偿投入，若财政支持过多，会造成企业严重的依赖心理，导致企业缺乏强化资金运营的压力，同时也破坏公平的市场竞争秩序。

财政对节能环保产业融资的支持不仅是直接促成相关项目，带动节能环保产业投资；更为重要的是充分发挥政府对节能环保产业的政策导向效应，将实业、金融业的部分资本诱导和集中到节能环保产业投资领域。另外，政府通过财政对节能环保产业融资不同领域有侧重地支持，一定程度上起到了指挥棒的作用，有助于政府有意识地加强节能环保产业的规划、环境法规的制定和实行、节能环保产业市场的规范，以及全民环境意识的提高。财政对节能环保产业融资支持的主要缺点在于政府审批手续烦琐、运行效益低下、支持范围有限。

4. 商业银行的绿色信贷融资

1）绿色信贷的含义

绿色信贷，是指商业银行秉承赤道原则发放的与节能环保项目相关的贷款，既有对耗能企业、污染企业发放的，直接用于降低能耗、治理污染投资项目的贷款；也有发放给节能企业、污染治理企业，用于节能环保技术的研发和应用、设备制造、节能环保项目实施的贷款。

按照是否与基础交易有关，商业银行的绿色信贷主要分为两种：一般贷款与应收账款融资。一般贷款是指银行根据企业的资信状况、财务情况、担保等信息确定企业的客户评级，以决定对企业的授信额度，即最大风险敞口，然后根据贷款用途、贷款项目评估情况在对企业的授信额度范围内确定对该企业单项贷款申请的最大贷款额。应收账款融资是指企业在与他方的交易中在将来有应收账款，企业将该项应收账款质押或转让给银行，银行对该项交易进行分析，评估应收账款的可靠性，基于此确定对该项应收账款可给予的最大融资额度，然后向企业提供融资。如果企业无法到期还款，则银行获得对应收账款的质权（质押关系）；或者应收账款到期时，银行直接获得该项权益（转让关系）。一般贷款与应收账款融资的主要区别在于三点：一是一般贷款与具体交易无关，银行重视的是企业的资信，即客户评级，而应收账款融资与具体交易有关，银行重视的是交易背景，即债项评级；二是一般贷款的风险管理主要是强调担保，如其他高评级企业的保证、土地厂房等不动产抵押，而应收账款融资的风险保障主要采取存单、银行承兑汇票等有价证券的质押；三是一般贷款只涉及借贷法律关系，而应收账款融资除借贷关系外，还可能涉及债权让与的法律关系。

在实践中，应收账款融资大致分为两类：一是有追索权融资；二是无追索权融资。前者是在应收账款权益无法实现时，银行对借款企业有追索权；后者是无论何种情况，银行均无权向借款企业追索。对借款企业而言，无追索权融资非常有利，最大的好处在于会计报表中银行借款这一负债项目并未增加，同时应收账款这一影响资金周转等运营能力的指标有所下降。在银行界，目前尚未对应收账款融资的法律关系形成定论，有的主张质押关系，有的主张转让关系。笔者认为从无追索权融资的角度出发，应赞成转让的法律关系。在具体的银行产品形式上，目前国内的应收账款融资主要是国内保理。

应收账款融资特别适用于节能企业和污染治理企业（环保企业）。当其以赊销的方式向耗能企业销售提高能源使用效率的设备时，或者向污染企业出售污染物处理设备时，或者以融资租赁的方式出租这些设备时，就形成了应收账款，就可以获得银行的应收账款融资。这对节能环保产业的借款企业具有特殊意义：首先，节能环保产业是朝阳产业，节能环保产业的企业有相当大的部分规模较小，财务状况并不优越，也缺乏土地、厂房等强担保品，而银行的特点是“锦上添花”，绝不“雪中送炭”，节能环保产业中的企业，特别是一些合同能源管理公司和合同环境服务公司，难以获得较高的银行客户评级，难以取得流动贷款、项目贷款等一般贷款。但是，结合自己的应收账款，很多节能环保产业中的企业虽不能获得一般贷款，但可获得应收账款融资；其次，该类融资因与基础交易有关，受历版巴塞尔协议鼓励，风险资产计量系数低，银行发放融资的成本小，企业融资的利率也较一般贷款低；再次，对节能环保企业来说，通过将项目合同期内应分享的节能环保效益向银行进行“贴现”，从而实现提前收回资金，以便投向其他项目，加速资金周转，利用其他投资机会；最后，在办理有追索权应收账款融资后，节能环保企业仍然是项目风险的承担者，仍旧负有保证节能环保数量、质量的责任，因此，这种融资方式还可提高节能环保企业的信誉度，与银行建立良好的合作关系，便于企业以后直接向银行申请一般贷款。

2）绿色信贷的特点及其局限性

商业银行的绿色信贷对节能环保项目的积极作用主要体现在两个方面：第一，除项目贷款外，贷款用途基本由借款人自己决定，银行一般不加以限制。尽管商业银行在提供贷款时，也要审查借款人的资金用途，但其目的是从贷款回收的角度进行贷款的可行性分析。借款人对贷款资金的自由支配权是商业银行贷款区别于国际金融机构贷款、政策性专项贷款等融资形式的最显著特征。第二，信贷资金供应较为充足，借款人筹资比较容易。由于商业银行是各国金融市场上最主流的金融机构，银行信贷是企业最基本的筹资途径。并且，随着各国金融市场的发展，对超大额资金需求而言，还可通过银团贷款的方式得到满足。

但是，单纯的商业性绿色信贷，也有其局限性。其一，商业银行的一般贷款，或者要求企业规模巨大，财力雄厚，资信卓著，或者要求借款企业提供强担保品。对于那些处于起步阶段又没有稳定、可靠应收账款的企业，很难通过银行信贷渠道满足其节能、环境治理设备投资的需求。其二，利率较其他融资方式高，利息构成财务费用，使得借款企业投资成本较高。特别是我国人民币利率仍属管制利率，利率处于高位。

5. 节能环保设备的融资租赁

从债权融资的特性角度讲，融资租赁与商业银行信贷一样，都属于间接融资的范畴，即以债务人向债权人承诺还本付息为最基本的融资条件。鉴于融资租赁是本书核心研究的融资途径，其详细内容，尤其是其与节能环保产业的内在统一性，不同于其他金融工具对节能环保产业的独到特点等内容，将在本章第三节中予以专门阐述。

6. 利用资本市场的绿色证券融资

1）绿色证券的基本内涵

资本市场是为特定项目筹集社会资本，形成直接融资的中长期金融市场。资本市场的融资品种通常由股票、债券、各类投资基金等组成。资本市场在筹集资金和合理配置资源方面有着不可替代的作用。

在节能环保产业中，广义地讲，绿色证券是指所有节能环保主体发行以满足项目投资需要的证券；狭义地讲，绿色证券主要是指节能企业和污染治理企业上市融资，通过发行股票的形式筹集资金。

根据上市方式的不同，节能环保企业的上市，可分为直接上市和间接上市。直接上市，指节能环保企业以 IPO 的方式，在股票交易所通过发行本企业股票而筹集资金。间接上市又指“买壳上市”或“逆向回购”，是指非上市公司股东通过收购一家壳公司（上市公司）的股份控制该公司，再由该公司反向收购非上市公司的资产和业务，使之成为上市公司的子公司，原非上市公司的股东一般可以获得上市公司 70%～90%的控股权。一个典型的买壳上市由两个交易步骤组成：一是买壳交易，非上市公司股东以收购上市公司股份的形式，绝对或相对地控制一家已经上市的股份公司；二是资产转让交易，上市公司收购非上市公司而控制非上市公司的资产及营运。间接上市有效避开了证券市场所在地监管机构的审查，成本比较低，在运作得当的基础上，可以实现零成本收购，成为进入资本市场最为便捷的方式。一般而言，买壳上市是企业在直接上市无望下的无奈选择。与直接上市相比，在融资规模和上市成本上，买壳上市都有明显的差距。

根据上市途径的不同，节能环保企业的上市，可分为主板上市和二板上市。二板市场，在不同国家，具体含义又略有不同，包括科技板、中小板、创业板等，主要是专门协助高成长的新兴创新公司特别是高科技公司筹资并进行资本运作的市场，其核心特征是对上市企业的历史经营业绩要求比较低。节能企业和污染治理企业由于普遍具有新兴、科技含量高，但企业规模小、发展历史短等特征，所以，尤其适合在二板市场上市。

2）绿色证券融资的特征及其局限性

依靠资本市场实现的绿色证券融资，既可拥有资本市场的可持续、大规模的融资优势，同时也会受制于资本市场对上市企业诸多约束条件的限制。

节能和污染治理企业的成功上市可以给企业带来飞跃性的发展，进而有效地推动耗能企业和污染企业的环境治理。从财务筹划的角度看，资本市场的多次筹资功能可以在资金量上极大地满足环保企业的需要，而且，相对于贷款，股权融资无财务费用，在单次融资规模上，也非贷款可比。从公司治理的角度看，节能环保企业的上市筹资愿望可以促进其优化公司内部法人治理结构，使其符合现代企业制度的要求，从而进入更加成熟和健全的发展轨道。国外许多环保企业的成功发展都极大程度地依赖于资本市场。此外，节能环保企业通过直接上市发行股票和股权回购等一系列的资产运作活动，使得风险资本的退出和增值也更加安全有效。

但是，由于节能环保产业是一项新兴产业，该产业链上的节能企业和污染治理企业，基本上都是伴随着节能环保产业的兴起而产生的。这些企业虽然以高科技和良好的发展前景而具有较高的投资价值，但由于我国的节能环保产业发展还不成熟，大多数节能企业和污染治理企业都是中小型规模。因此，这些企业若要实现上市目标，通常还需要在经营规模、盈利状况、公司治理等方面进行一段时间的积累。尽管伴随着世界各国二板市场的推出与发展，其相应的上市要求略低于主板市场的要求与标准，并且二板市场也相对符合节能环保企业的具体状况，但是最终能够实现上市的，也仅是少数的标杆企业，绝大多数节能和污染治理企业仍很难满足上市要求。

7. 项目投资与项目运营相结合的环保类基础设施的项目融资

1）内涵

项目融资，指贷款人向特定的项目提供贷款协议融资，对该项目所产生的现金流量享有偿债请求权，并以该项目资产作为附属担保的融资类型。它是一种以项目的未来收益和资产作为偿还贷款的资金来源和安全保障的融资方式。某些节能环保项目属于基础设施建设，这类投资数额大，建设周期长，风险大，单靠项目主办人的力量无法筹集如此大规模的资金，项目主办人也无力承担项目失败的风险，且传统的融资方式也满足不了上述项目的需要，在这种情况下，人们创造出项目融资这一方式。就业务类型而言，项目融资大致分为无追索权项目融资和有限追索权项目融资。就业务模式而言，比较成熟的是BOT结构。BOT有三种具体形式：BOT（build-operate-transfer）（建设—经营—移交）、BOOT（build-own-operate-transfer）（建设—拥有—经营—移交）、BOO（build-own-operate）（建设—拥有—经营）。除此之外，它还有一些其他变通形式：BTO（build-transfer-operate）（建设—转让—经营）、DBTO（design-build-transfer-operate）（设计—建设—转让—经营）、BLT（build-lease-transfer）（建设—租赁—移交）。实践中，BOT（建设—经营—移交）是最常见的业务模式。

环保类基础设施的BOT，一般是针对政府设立的，一定程度上具有公共产品特性，适用于可以通过收费而形成稳定现金流的基础设施建设项目，如城市污水处理、城市垃圾处理等项目。通过政府向私人公司招标，中标公司即项目开发商投资建设，按照约定建成该设施，并经营一个时期（一般20年以上），同时享有该经营期内的部分或全部收益，待约定的经营期满后再将项目所有权返还给政府。这是作为项目融资基础的一般架构。

在BOT中，中标公司解决项目建设投资的资金来源问题，这成为核心问题。传统的商业银行信贷直接以借款企业的保证、抵押、质押等担保和企业信用作为风险缓释，而BOT方式将用来保证贷款偿还的首要来源集中在被融资项目本身的经济强度之中。可以从两个方面来衡量项目的经济强度：一方面是项目未来的可用于偿还贷款的净现金流量；另一方面是项目本身的资产价值。在

BOT方式中，项目开发商或项目发起人一般会成立一个特殊目的公司（SPV）作为项目借款人，这样，项目发起人对项目所承担的责任与其本身所拥有的其他资产和所承担的其他义务一般是分离的，SPV起到了风险防火墙的作用。然而，贷款人为抵御项目发起人的道德风险，一般会要求项目发起人以直接担保、间接担保或其他形式给予项目信用增级，同时防止在最坏的情况下，项目的经济强度不能保证贷款的偿还。因此，一个项目的经济强度加上项目发起人和其他与该项目有关的各方对项目做出的信用增级，构成了BOT方式下该项目的融资风险缓释。

2）特点及适用性

BOT方式中特殊的融资风险缓释机制，在很多情况下可以帮助项目投资者更为灵活地安排资金，实现按照传统融资方式无法实现的如环保产业的一些特殊目标要求。BOT方式对环保类基础设施投资人的吸引力还在于，与直接投资相比，项目的发起人所需投入的自有资金少、财务负担小，在不分散股权的形式下，通过BOT方式的结构组织可以使更多的项目相关方参与到项目的建设和经营中，从而提高项目成功的概率。就其局限性而言，项目融资一般只限于长期、大型的基础设施类建设项目。

三 创新投融资模式是解决节能环保产业投资缺口问题的有效途径

若要发展低碳经济，解决节能环保产业所存在的巨大的投资缺口问题，构建一种创新投融资模式，是一个长期长效的机制，是一条稳定持续的资本融通通路。

1. 政府产业、税收等政策支持对低碳经济的积极作用

推动社会的节能环保，发展一国的低碳经济，不仅仅是企业、项目个体在走低碳之路，更为重要的是，它是一个地区的低碳发展统筹规划，涉及国家和地区经济结构转型、产业转移与重新布局、城乡规划等诸多方面。在这种架构下的低碳发展与投资模式创新，须高屋建瓴，离不开政府的统筹规划与支持。

2. 低碳经济中各个参与主体的创新理念

传统的投资模式与信贷结构将难以满足且不太能适应低碳经济的发展，低碳投资模式，应有一个横跨金融机构、非金融机构与民间资本的资本募集架构，同时也应该是一个纵贯低碳投资产业链上包括业主方、技术方、设备方、咨询方及资本方的统一体系。

3. 效能保障

在资本结构与投资模式的设计上要充分考虑到投资收益与实际能效效益的

有机结合，即投资要能切切实实地产生收益，这是投资的基础；也要实实在在地达到既定的能效目标，这是投资的价值。

4. 专业高效

发展低碳经济，是一个资本命题，同时也是一个技术命题，先进的低碳技术与环境友好型技术是实现低碳发展的基本基础。因此，在低碳发展进程的各个领域，离不开技术的支撑。一个专业、高效的技术顾问团队，能有效地从低碳发展规划的角度，从技术的选择、导入、实施及效果控制等方面进行全方位整合。在上述基本因素的共同作用下，将为打造一条“资本融通＋技术支撑”的低碳投资与发展之路，并建立有效的低碳发展创新投资模式创造有利条件。

第三节 融资租赁及其与节能环保产业投融资的内在统一性

一 融资租赁的基本内涵

融资租赁是在传统租赁发展的基础之上，将传统租赁交易的以物为载体的特征与金融行为的资金融通特征结合在一起后的产物。现实社会中，融资租赁是一个被多角度采用的概念。但从市场的角度来看，融资租赁是指出租人根据承租人选定的设备，以给承租人提供融资为目的而进行购买，然后再以收取租金为条件，将该设备中长期地出租给该承租人使用的一种租赁交易行为。

根据这一定义，融资租赁的基本结构如图 1-1 所示。

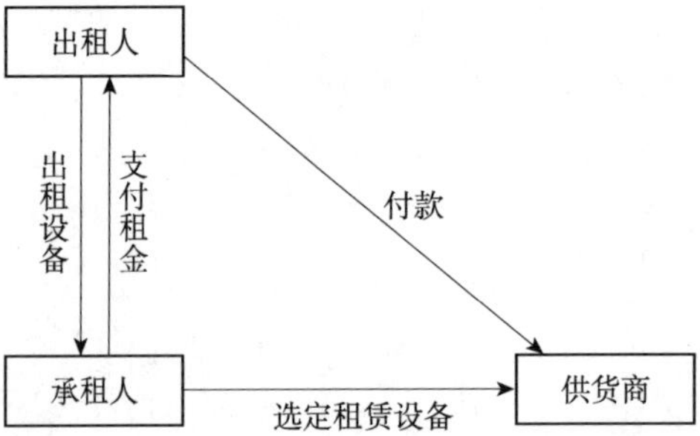

图 1-1 融资租赁的基本结构

并且，根据上述定义与结构，我们可归纳出融资租赁所具有的最基本的特征：第一，一项融资租赁交易至少涉及三方当事人、两个合同；第二，拟租赁设备由承租人根据本企业的需要而自主选择，但却由出租人出资购买；第三，中长期融资。由于融资租赁交易中的租赁设备在绝大多数情况下是承租企业生产经营所需的设备，而由设备的使用期限所决定，融资租赁的期限安排也都在一年以上，所以，融资租赁是资本市场上的一种中长期融资工具。

因此，在国际上，相对于其他以货币为交易载体的各种金融工具，融资租赁也被归类为资产融资的一种具体形式。在我国，由于融资租赁交易是舶来品，是直接从 financial leasing 这一术语翻译而来的，加之我国关于融资租赁机构的监管部门既涉及监管金融业的中国银行业监督管理委员会（以下简称银监会），也包括商务部，所以，除了常用的融资租赁翻译外，还可被翻译为金融租赁。

二 融资租赁的主要交易类型

从融资租赁的国际实践来看，融资租赁包含着多种交易结构。根据不同的分类标准，融资租赁所包含的交易结构，可从设备流转的方向、出租人是否能全额清偿、与融资租赁投资相关的投资税收利益的归宿等几个方面来分离。

1. 直接租赁与出售回租

这是从融资租赁交易流程中设备选择方向的角度，对融资租赁交易结构的一种分类方法。直接租赁，是指承租人先选择设备，通常也就是其投资项目中所需要的设备，然后由出租人根据承租人的选择，为其购买该设备，再出租给该承租人使用。融资租赁的基本交易结构，也就是直接租赁的交易结构。

而出售回租，则是承租人将其正在使用或拥有的设备，以融资为目的而出售给出租人，然后再以租赁的方式，将售出的设备租回。其交易结构如图 1-2 所示。

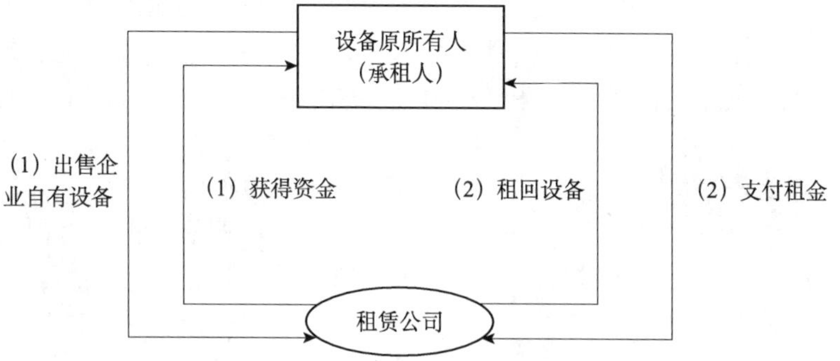

图 1-2　出售回租的基本结构

在成熟的融资租赁市场中，市场的交易结构以直接租赁为主，以出售回租为辅。因为融资租赁交易的本质，是出租人为承租人的设备投资以设备租赁的方式提供资金融通，所以交易的基本结构必然是直接租赁。但是，伴随着融资租赁市场的发展，迫于市场竞争的压力和对融资租赁交易的灵活运用，出租人对直接租赁交易进行了变通，从而创立了出售回租的交易结构，并因此扩大了出租人的经营范围，无论是企业所需要的新设备，还是企业正在使用的旧设备，均可成为租赁融资的资产。并且，结合融资租赁业的下一种分类方法，承租人在运用出售回租时，回租的方式，既可是全额清偿的融资租赁，也可是非全额清偿的融资租赁，从而产生明显不同的财务效果。

2. 全额清偿与非全额清偿的融资租赁

1）融资租赁交易是否全额清偿的含义

这是关于融资租赁本质特征的一个基本认识。是否全额清偿是贯穿融资租赁业发展全过程的一个变化基点。它是指出租人从一个承租人那里收回的租金总额与出租人为购买该项租赁设备所垫付的全部支出（即租赁投资额）之间的对比关系。如果出租人从一个承租人那里收回的租金总额包含了出租人为承租人购买该项租赁物件所垫付的全部支出，也就等于出租人从该承租人那里通过租金的方式收回了其全部的租赁投资，这就是全额清偿的融资租赁，英文的术语为 full payout finance lease，简称 finance lease；否则，只要出租人从一个承租人那里收回的租金总额小于出租人为该承租人购买该项租赁物件所垫付的全部支出，就是非全额清偿，英文术语为 non full payout finance lease，同时也被称为 operating lease，翻译成中文为经营租赁，或被称为 investment lease，翻译成中文为投资租赁。

由于 finance lease 和 financial leasing 在翻译成中文时，很难翻译出区别，或者是由于翻译者对两个术语内涵的认知不到位，因此我国很多文献或在融资租赁业内，将 finance lease 也翻译成融资租赁。因此，在我国融资租赁业内，“融资租赁”其实包含着两种含义：一是指包含各种融资租赁形式、主体等在内的融资租赁业；二是指融资租赁业中全额清偿的一种融资租赁交易形式。这种表述的重叠，也是包括我国在内的许多非英语国家，对融资租赁业认识混乱的根源。

2）世界融资租赁市场是一个从全额清偿到非全额清偿的发展过程

通过上述关于融资租赁的定义可以看出，融资租赁是以租赁设备（而非货币）为交易载体的债权融资的形式。按照金融市场债权融资还本付息的基本原则，只有全额清偿的融资租赁，才能符合经济学中关于债权融资交易的基本原则。然而，由于全额清偿的融资租赁与已经普遍存在的银行贷款在金融属性上没有实质性的区别，所以如果融资租赁市场停留在这种状态下，则显然缺乏在资本市场上的竞争力。

因此，为了提高融资租赁的市场竞争力，出租人对融资租赁与银行贷款的交易载体不同这一形式上的变化进行了充分挖掘，开发出了出租人通过控制租赁设备的重置价值而使承租人所支付的租金小于全部租赁投资的租赁产品，即非全额清偿的融资租赁。

3）经营性租赁充分体现了租赁融资的独特性

经营性租赁的特性，主要表现在租赁市场、会计和税收三方面与融资租赁的不同。

从融资租赁市场角度讲，相对于全额清偿的融资租赁而言，经营性租赁是指留有余值的（也就是非全额清偿的）融资租赁。也就是说，出租人在计算承租人的应付租金时，通过对租赁物件预留残值而降低了承租人支付租金的基数，同时也导致了出租人从承租人那里收回的租金，不足以弥补其为承租人垫付的全部支出。从形式上看，这种安排不符合债权融资的还本的原则。但是，由融资租赁交易中租赁物件所有权的特性所决定，在非全额清偿的融资租赁交易中，出租人拥有了租赁物件的全部所有权，包括法律所有权与经济所有权（经济所有权又具体体现为会计所有权和税收上的所有权）。出租人根据其所拥有的经济所有权，从租赁资产的折旧、节约的税收和期末重新处置时的重置价值中收回全部投资。在这种情况下，出租人的最终收益率有可能大于该租赁利率，也可能小于该租赁利率。其中的一个决定因素就是租赁资产期末的重置价值是否能大于其未收回的租赁投资。所以，从这个意义上讲，这类租赁也被称为投资租赁。由于出租人要通过对租赁资产的再处置才能收回其全部投资，所以从市场的角度讲，经营性租赁还引发了出租人的资产管理功能。

由市场交易结构所决定，从租赁会计角度讲，国际会计准则——租赁和世界各国的租赁会计准则，都将融资租赁业（financial leasing）分成了两大类型：融资租赁（finance lease）和经营性租赁（operating lease）。所以，租赁会计准则对经营性租赁的定义是，出租人未实质转移与租赁资产所有权有关的全部风险和报酬的交易，即由出租人承担余值风险的非全额偿付的特殊融资租赁方式；而融资租赁则是出租人在实质上将与资产所有权有关的全部风险和报酬全部转移给承租人的租赁交易。在此基础上，导致租赁资产会计归属的不同。会计角度下的融资租赁，租赁资产在会计上属于承租人，由承租人确认资产；会计角度下的经营性租赁，租赁资产在会计上属于出租人，由出租人确认资产，即经营性租赁的资产应该确认在出租人的资产负债表上。这样，根据同一资产不重复确认的原则，承租人就不再在其资产负债表的资产方确认该租赁资产，同时，也不在其负债方确认负债。所以，对承租人实现了表外融资的效果。这是经营性租赁比较突出的财务效果。

3. 税务租赁与非税务租赁

税务租赁与非税务租赁的划分，既是整个融资租赁市场交易结构从企业所得税中与设备投资相关的税收归属角度的划分，又是与上述经营性租赁相联系的分类。

与设备投资相关的税收，主要体现在两个方面：一是计算企业所得税纳税基数时租赁资产税前抵扣资源的归属问题；二是当一国实施投资税收优惠政策时，与投资优惠相关的税收优惠的归属问题。当这两方面的税收利益归属于出租人时，即为税务租赁，否则为非税务租赁，这两方面的利益即归承租人拥有。

上述提到的经营性租赁，通常情况下，也是税务租赁，即有关租赁投资的税收资源，归出租人享有；而融资租赁，有关租赁投资的税收资源，归承租人所有。

4. 其他一些融资租赁交易结构

除了上述三种常见的融资租赁交易结构分类外，还有一些融资租赁交易结构被广泛采用。

1）转租赁

转租赁（sub-lease）是指转租人根据最终承租人（用户）的要求，先以承租人的身份从原始出租人处租进设备，然后再以出租人的身份转租给用户使用的一项融资租赁交易结构，如图 1-3 所示。

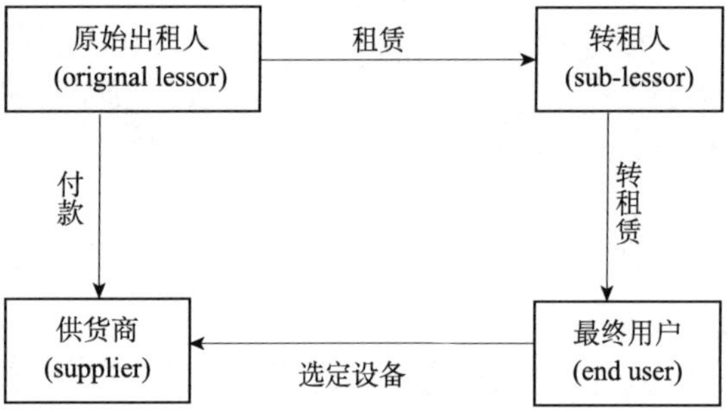

图 1-3　转租赁的基本结构

转租人是转租赁交易的核心，其采用转租赁形式的原因主要有以下两个方面：①当转租人是原始出租人的海外子公司时，通过转租人开展租赁业务是原始出租人占领子公司所在国市场的一种有效手段。同时，这种转租赁也就是离岸租赁的组成部分。②一些西方国家为鼓励投资而实施了投资税收优惠政策。融资租赁也是一种投资行为。这样，当转租人能够以支付廉价租金的方式分享另一国家的原始出租人从其所在国政府获得的税收优惠时，其也乐于采用转租赁形式。

2）杠杆租赁

杠杆租赁（leverage lease）是指一项融资租赁交易中，出租人在为承租人开展融资租赁业务时，只需投入租赁设备购置款项总额的 20%～40%的金额，并以此作为财务杠杆来带动银行等金融机构为租赁设备购置款项中其余的 60%～

80%提供贷款的一种租赁安排。

在杠杆租赁交易中，尽管出租人的投资远远小于租赁设备投资的总额，但却拥有完整的法律上的所有权和经济所有权，在有投资税收优惠的国家，可享有与对设备 100%投资同等的税收待遇。对参与杠杆租赁的银行等金融机构而言，由于提供的通常是无追索权的贷款，所以需要出租人以租赁设备作抵押，以转让租赁合同和收取租金的权利作保证。在英美法系国家，杠杆租赁亦被称为平衡租赁。当杠杆租赁的承租人、出租人为分属两国的企业时即为跨国杠杆租赁。因杠杆租赁所具有的财务杠杆的特性，更适合于设备金额较大的投资项目。

三 融资租赁市场的主要参与主体

出租人是融资租赁市场最活跃的部分。许多投资人在投资融资租赁行业时，往往根据自身优势或主营业务的需要，为了某种特定的目的而参与融资租赁业。另外，为满足承租人的多种需要，也为适应融资租赁市场的激烈竞争，各个出租人在经营过程中往往尽可能地利用自己在资金、货源、客户或服务方式上的某一优势而细分市场，从而也使各种不同类型的出租人层出不穷。

根据融资租赁公司投资人目的的不同，融资租赁公司主要分为三种类型：银行等金融机构类出租人、附属于设备制造厂商类的出租人和独立型出租人。

1. 银行等金融机构类出租人

金融机构类出租人（banks and their affiliates）是指银行、保险公司、养老金组织等金融机构，利用其资金优势而直接承揽融资租赁业务时所具有的出租人身份，或是为了参与融资租赁业务，而设立的附属于银行等金融机构的融资租赁部或融资租赁子公司。在我国，由商业银行投资设立的从事融资租赁业务的公司，出于监管的要求，都采用了“金融租赁公司”的名称。金融机构类出租人直接或间接参与融资租赁业务的目的是为其金融资本寻找更广的业务空间和更多的发放渠道。当然，由于商业银行的背景，金融机构类出租人具有的最大优势是资金雄厚和成本较低。

2. 附属于设备制造厂商类的出租人

附属于设备制造厂商类的出租人，亦称辅助销售型租赁公司。其英文有两种表示方法：①captive-finance subsidiary，直译为附属财务公司；②vendor lessor，翻译为厂商出租人。在我国，简称为厂商类出租人，是指大工业制造商，如机械制造、电子计算机等行业的企业为扩大本企业产品的销售，通过在本企业内部设立租赁部或租赁子公司，经营本企业产品的国内外租赁业务的出租人，其目的是扩大本企业产品的销售或出口。这类出租人开展租赁业务的主要目的是运用融资租赁的各种形式所具有的金融支持、租赁设备所有权处置的灵活性等独特的优势，来提升本企业产品的综合竞争力，以此来扩大本企业的销售，提高本企业产品的市场份额。

厂商类出租人在进行具体的租赁交易安排时，也常常是最大限度地发挥其自身与租赁设备的内在联系的优势，例如，提供对租赁设备的维修、保养、供应配件、消耗材料等方面的服务，允许用户在合同到期时选择退租等。以卡特彼勒（Caterpillar Inc.）公司为例，该公司是一家基于美国的、拥有100年历史的、生产建筑施工机械的跨国公司。在其企业组织体系中，除了与一般的生产企业相同外，还拥有一个再制造中心（remanufacture center）。该中心的基本任务是对承租人用户退还的设备进行检修和再加工，在确保质量的前提下对这些产品进行再销售。企业这样做可以获得两大好处：一是有利于控制本企业产品的二手市场；二是可以满足不同消费层次用户的需求。

3. 独立型出租人

独立型出租人（independent lessor）是为适应这一新型行业而产生的、专门从事融资租赁业务，并以租赁业务的收入为其主要的收入来源的公司。既可直接从事融资租赁业务，也可主要扮演租赁经纪人的角色。

这种类型的出租人在开展融资租赁业务时，主要是利用其娴熟的租赁技术及其对与租赁相关的会计、税收制度的透彻理解，通过构建融资租赁交易平台，将融资租赁交易中潜在的各方利益，通过融资租赁的具体交易形式变成现实利益，并使其最大化。节税杠杆租赁交易中的出租人是这类出租人中最典型的。

由以上三种类型出租人构成的提供融资租赁服务的主体，加上融资租赁以资产为交易载体的独有特性，使得租赁融资具有极其丰富的内涵。

四 租赁融资的独特性

以企业为主，但还可包括政府在内的承租人，在采用融资租赁方式而获得资金融通时，由于租赁融资的交易载体是租赁资产，又由于不同类型的出租人在提供融资租赁服务时，必然会结合自身的资源禀赋来设计交易结构，从而可使企业或政府等承租人获得完全不同于银行贷款、债券或股票等以货币为交易载体的融资方式的独特的融资特性。

1. 本外币债权资金融通是融资租赁最基本的特性

融资租赁是一种以资产为载体的融资手段，租赁公司运用自有资金和以此为基础而筹集到的资金，按承租人的要求，为其购买所选定的设备，并以分期收取租金为条件，而中长期地将该资产出租给承租人使用。所以，租赁融资是承租人扩大投资、进行技术改造的有效筹资渠道。这就是融资租赁所具备的最基本的功能——融资功能。由于国内和国际租赁交易的区别，承租人还可分别获得本币融资或外汇融资。所以，融资租赁产生之后，对承租企业而言，利用融资租赁而实现的租赁融资，使其在已有的金融市场上的融资方式之外，又多了一条新的、可供选择的融资渠道。

2. 留有余值的表外融资

在上述债权融资的基础之上，伴随着融资租赁业的发展而出现的经营性租赁的方式，实际是出租人为承租人全额垫付资金而购买承租人选定的设备，却在收取租金的时候，只收回部分租赁投资。在这种交易形式下，出租人通过留有余值的租金回收方式，而使得承租人不再在其资产负债表上确认该项租赁资产，因而也不确认负债，从而使承租人获得了资产负债表表外融资的效果。而这种融资效果，是任何其他金融工具所不具备的。这也就形成了租赁融资的独特性之一。

3. 可充分享受投资税收优惠的节税融资

与上述经营性租赁交易具有相同特性的交易结构，若从与投资相关的税收优惠的角度讲，在许多国家则被归类为税务租赁。在税务租赁交易下，与投资相关的税收资源归出租人所有，从而可使承租人的税收利益最大化。这也是租赁融资的一个独特性。

4. 伴随融资过程的资产管理

由于租赁融资时以资产为交易载体，所以出租人不仅可以为承租人提供资金融通，在承租人需要的前提下，出租人还可为承租人提供租赁资产的管理、期末资产所有权的退租或留购、技术进步下的资产替换、二手设备的管理等全方位的服务。这也是租赁融资所独有的资产管理的特性。

5. 运用出售回租的方式，还可盘活承租人的已有资产

作为融资租赁业中直接租赁形式的逆操作，当承租人将自己已有的资产以出售回租的方式来进行资金融通时，可以达到既不影响企业该项资产的实际占用，从而不会影响其现有的生产经营，同时又利用融资租赁的途径，扩大了企业中长期的资金来源，为满足其一些特殊的投资需要提供了资金来源。

五 节能环保产业与融资租赁业具有高度的内在统一性

从行业发展的角度，就节能环保产业和融资租赁这两个行业而言，二者在设备投资上形成交汇点，节能环保产业是融资租赁业的融资对象和业务拓展平台，融资租赁是节能环保产业发展的工具和途径，彼此在相互服务中获利，形

成了内在的统一。

1. 节能环保产业的项目与设备是融资租赁交易的天然标的物

在人类社会福利不减少的前提下，无论是耗能企业能源消耗总量的降低和单位能源使用效率的提高，还是污染企业污染排放总量的减少或者是污染物在向自然界排放之前的有害物质的处理，都离不开相应的技术和设备的投入。而融资租赁业，则是资产融资的主要形式，是直接以设备为交易载体而为企业提供资金融通的专业金融工具。可以说，设备是节能环保产业与融资租赁的交集。另外，节能环保产业是新兴的、带有战略性的朝阳产业，从融资租赁公司规划发展的角度出发，融资租赁业必然会进军节能环保产业，期望通过对节能环保设备的介入拓展业务量，将其作为新的利润增长点。因此，节能环保产业与融资租赁业利益的一致性，使二者具备了高度的内在统一性。主要发达国家融资租赁市场的实践，也印证了这一点。从 20 世纪 70 年代末美国、德国、日本等国的融资租赁公司介入光伏能源产业开始，融资租赁公司一直在深度参与节能环保领域。

2. 节能环保设备的技术性要求与专业化融资租赁公司的优势互补

作为提高能效的创新模式，由作为节能企业的 EMC 公司为耗能企业设计节能方案，投资并运营管理设备和计量节能效果，并以节能效果分成的方式获得投资回报模式，越来越成为节能领域中的一种基本模式。与此类似，在环保领域，各类不同污染物的治理所需要的设备，也具有极强的专业性。治理污染效果的监督与考量，同样需要极强的专业技术。而建立在这种技术标准之上的节能环保投资项目，在测算和控制投资回报的过程中，必然需要对不同技术的认知与掌控。在这样的模式下，环保产业能效的计量、预估，包含极高的技术含量，往往需要专业化的经营。

与此相对应，在融资租赁领域，为了充分发挥资产融资的特性，也为了适应设备专业化的要求，部分融资租赁公司也形成了专业化分工，一个专业化的融资租赁公司专注于一个特定行业，往往只从事几种专业设备的租赁。从过去的实践看，在计算机高速发展阶段，专业化的计算机租赁公司应运而生。而尖端农业机械、飞机等常见的专业设备，也都有诸多专业的融资租赁公司。

节能环保产业是新兴产业，从其广泛得到世界各国的关注开始至今，也不过 20 多年的时间。尽管时间较短，但也已经有一些与此相关的专业化的融资租赁公司问世，在互联网上搜索，可以发现欧美国家有很多从事节能环保相关设备融资租赁的专业公司，如美国的环境仪器融资租赁公司（Environmental Instruments Leasing Company Inc）专门从事环境监测设备的融资租赁。有大量的公司从事专业设备的专业化租赁是一国融资租赁市场发展的方向之一，也是其成熟与否的标志之一。随着融资租赁市场的发育，专业化的节能环保类设备融资租赁公司，必将通过融资租赁的方式，服务于企业的节能和污染物的治理。基于这个意义，节能环保产业与融资租赁的结合，可相互促进，同时发挥融资租赁公司在专业设备资产和技术两方面的优势，有利于克服其他金融机构因不能控制能效提高、污染治理程度计量等专业性壁垒而回避节能环保项目融资的弊端，从而实现融资租赁与节能环保产业的双向共赢。

3. 租赁设备期末所有权处置的灵活多样性，更有助于实施低碳经济理念

物尽其用，是实现低碳经济的一个基本理念。对使用设备的企业而言，获得所需投资设备只有两个途径：购买或租赁。而设备一旦由使用企业购买，则企业也就拥有了该设备的全部经济年限，无论是技术进步、市场结构变化还是企业自身经营战略转变等，任何一个因素的变化使得企业不再需要该设备时，通常只能采取直接报废这种简单的方式来处理设备。

与此相反，如果该设备是企业通过租赁方式获得的，那么，根据租赁交易期末所有权处理具有退租、续租和留购三种选择方式的特征，企业可根据实际需要做出选择。如果发生了上文提到的情况，企业不再需要该设备了，可以选择退租，即将对本企业已经没有使用价值，但对其他企业还有使用价值的设备，退还给租赁公司，由租赁公司利用其专业化的营销渠道，去寻找新的用户，从而达到设备资源在全社会范围内按需配置、自由流转，发挥最大化效用的目的。同时，对企业而言，退租比报废设备在经济上也更有利。租赁设备期末所有权处置的多样性与灵活性，使得租赁更能体现低碳经济的理念。

4. 融资租赁的自身特点决定了其对节能环保产业融资的广泛适用性

融资租赁是一种主要以设备资产为交易基础的、按照金融市场的利率水平和风控模式来运行的间接融资金融工具。

相对于节能环保产业其他的融资渠道，租赁融资的优势体现在：第一，以设备资产为交易基础，设备资产本身是融资载体，也是融资担保品，有利于克服节能环保企业在向商业银行申请绿色信贷时强担保欠缺的障碍。商业银行出于金融稳定、审慎经营的考虑，要求借款人提供符合银行风控标准的强担保本无可厚非，但是，由于银行专业技能的制约、设备抵押物处置的法律障碍等因素，银行轻视动产抵押，一般不接受设备抵质押，特别是专业化用途设备。银行特别偏好他方保证、不动产抵押、大宗商品质押等风险缓释方式。而诸多的节能企业和污染治理企业，因其经营历史短、规模小，以技术服务为主等特征，很难提供符合商业银行风控要求的强担保，从而也就增加了其从商业银行获得信贷资金的难度。融资租赁恰恰是主要以租赁资产为承租人债务担保物的一种金融工具，这就在风险可控的前提下极大地降低了对

节能企业和环保企业的融资门槛。第二，融资租赁相对于商业银行融资的另一优势是融资租赁不受信贷规模等监管指标的限制。在我国，因存在着信贷规模等监管措施，信贷投放规模是许多商业银行的稀缺监管资源。不同于商业银行贷款，融资租赁并不受这一监管指标约束。第三，租赁融资，以市场利率水平收取租赁利息，相对于政策性贷款而言，属于市场化的融资模式，能获得更广泛的市场资金来源。第四，融资租赁属于间接融资的范畴，相对于资本市场的上市、发债等直接融资工具而言，其对市场建设程度的要求相对较低。所以，从金融属性上讲，对于节能环保企业而言，租赁融资的适用性更强，更具有适用的普遍性。

5. 融资租赁交易结构可有效整合不同节能环保主体的资源优势

融资租赁的最基本交易结构涉及出租人、承租人和厂商三方；融资租赁的出租人既是出租人，还是采购商，本质上又是融资融出者，获取资金时又是融资融入者，其具有多重身份。从融资租赁的三方主体向外延伸，融资租赁的交易结构还与政府政策、资本市场、商业银行等主体密切相关。因融资租赁与投资相关，特别是与设备投资相关，当政府制定鼓励投资的税收优惠政策时，融资租赁的交易结构就可与政府政策相关。出租人不可能完全依靠资本金和利润作为资金来源开展融资租赁业务，必然会借助直接或间接的融资渠道，因此，融资租赁的交易结构又与资本市场和商业银行有关。

融资租赁交易结构因其多方主体、主体的多重身份、主体的多维延伸，可以整合不同节能环保主体的资源优势，这是其他融资模式无法比拟的。例如，出租人大量采购，可以获得厂商的优惠价格、优惠账期；设备投资特别是节能环保设备投资可享受政府税收优惠；在经营性租赁中，承租人财务报表得到优化；承租人采用应收账款融资方式可从商业银行获得信用条件和利率条件更优惠的资金支持；因租赁收入的长期性、稳定性、持续性、自我担保性，便于通过资产证券化等方式实现承租人资产转让，在资本市场获取融资。这些优势，将在本书设计的各种节能环保融资租赁交易模式中得到具体体现，在此仅作一般介绍。

概括而言，融资租赁独特的交易结构可组合进节能环保产业投资过程中的多个主体，克服单个两方交易中的诸多障碍，尤其是可结合进国家的产业政策，有效提升国家促进节能环保投资税收优惠的税收政策效应。这对节能环保产业的投融资有特殊意义。原因在于节能环保设备对于生产企业而言，在绝大多数情况下，均非企业的核心资产，出于经济利益的考虑，企业对这类设备的投资意愿是比较小的，甚至是“被动的”。融资租赁对国家节能环保产业政策的有效整合和利用，可以极大程度上发挥企业投资于节能环保的主观能动性。

第四节　促进节能环保产业发展的优惠政策——原因、种类及作用机理

一 节能环保产业优惠政策的含义与实施原因

环境是人类社会发展的本源，是可持续发展之根本。节能环保产业发展的优惠政策有狭义和广义之分。狭义的优惠政策是指为促进节能环保产业发展的积极推动政策；广义的优惠政策还包括为推动节能环保，政府对用能者、排污者的处罚措施，以及政府为引导节能环保发展而设置的标准等引导措施。

节能环保产业发展的优惠政策是各国推动节能环保事业的必然选择。节能环保领域，存在需新增投资、项目效率低、风险大、成本高、市场经济主体根本没有动力等不利因素。节能环保领域，具有一定意义上的外在性，尤其是环保事业具有公共产品性质。这就需要政府在市场外部支持，通过实施政策，将外部性内部化，引导市场经济主体自发地参与节能环保事业。

二 节能环保产业优惠政策的种类

1. 技术标准

技术标准主要是指经公认机构批准的、非强制执行的、供通用或重复使用的产品或相关工艺和生产方法的规则、指南或特性的文件。或者说，是一种或一系列具有一定强制性要求或指导性功能，内容含有细节性技术要求和有关技术方案的文件，其目的是让相关的产品或服务达到一定的安全要求或市场进入的要求。技术标准的实质就是对一个或几个生产技术设立的必须符合要求的条件，以及能达到此标准的实施技术。节能环保领域，技术标准设置旨在要求产品、流程、操作等达到节能环保的理想水平。在各地区中，欧盟的技术标准最多，比如，欧盟针对建筑产品制定的 89/106/EEC（简称 CPD）、针对电子电器设备的 RoHS 标准等。

2. 生产许可

生产许可是指政府或政府授权的专业机构在审查了申请人的控制资料、组织机构和生产设施等硬件和软件后，认为申请人已经建立并能够保持一个合格的控制标准，能够确保所生产的每一件产品均能符合标准的要求，由政府或政府授权的专业机构向申请人颁发证明其生产符合标准的证件。只有在获得该项

生产许可证件后，生产企业即申请人才能投入相关产品的生产。在节能环保领域，上述生产许可中提及的生产、产品、标准即为节能环保相关的生产、产品、标准。

3. 绿色金融政策

绿色金融政策是指政府或国际机构通过金融领域支持节能环保发展的政策。该类政策直接或间接地影响金融机构、金融市场，使资金流向节约资源技术开发和生态环境保护产业，使金融行业为促进节能环保发展起到积极作用。上文中提及的“国际金融机构或本国政策性金融机构的节能环保专项贷款”、商业银行的绿色信贷、资本市场的绿色证券等都与绿色金融政策相关。显而易见的一个例子是国际银行业赫赫有名的“赤道原则”。这项准则要求金融机构在向一个项目投资时，要对该项目可能对环境和社会的影响进行综合评估，并且利用金融杠杆促进该项目在环境保护及周围社会和谐发展方面发挥积极作用。

4. 税收优惠政策

税收优惠政策是指财政政策中对特定经济行为的税务优惠。这些优惠政策或者是专门为推动节能环保发展而设立的，或者是针对一般性质的企业行为如投资或交易，目的在于通过财政政策推动目标行业或目标行为，如推动环保行业或社会投资。前者对节能环保产业的积极作用不必多言，后者推动社会投资和交易也对节能环保产业有巨大促进作用，原因在于节能环保的发展主要是通过投资和交易实现的。

5. 中央政府对地方政府的强制约束政策

中央政府对地方政府的强制约束政策主要是通过行政命令来贯彻中央政府的节能环保目标。例如，中央政府为落实哥本哈根会议上碳排放量的承诺，决定到 2020 年我国单位国内生产总值二氧化碳排放量比 2005 年下降 40%～45%，作为约束性指标纳入国民经济和社会发展中长期规划，并制定相应的国内统计、监测、考核办法。中央政府的这一政策目标是通过分解到各地方政府来完成的。

三 各类优惠政策促进节能环保产业发展的作用机理

各类优惠政策促进节能环保产业发展的作用机理大致分为两类：一是政策形成外在约束，直接作用于节能环保产业发展；二是政策形成内在约束，间接作用于节能环保产业发展。外在约束的作用机理主要包括技术标准、生产许可、中央政府对地方政府的强制约束政策等，在一定程度上都是硬性要求，市场经济的主体或者政府必须遵从这些要求；内在约束的作用机理主要包括绿色金融政策和税收优惠政策。这些政策会使市场经济主体形成节能环保的内在动力。概括地说，政策的外在约束类似于惩罚机制，政策的内在约束类似于激励机制。

第二章 发展我国节能环保产业的紧迫性及严重的资金制约

第一节 我国节能环保产业的发展现状与紧迫性

一 我国节能环保产业的发展现状

随着中国经济的持续快速发展，城市化进程和工业化进程的不断加快，环境污染日益严重，国家对环保的重视程度也越来越高。“十一五”期间，由于国家加大了环保基础设施的建设投资，有力拉动了相关产业的市场需求，环保产业总体规模迅速扩大，产业领域不断拓展，产业结构逐步调整，产业水平明显提升，节能环保产业的发展呈现出以下几个特点。

1. 节能环保产业法律法规不断推出，但仍需进一步完善

“十一五”期间，中国政府为切实推进节能环保产业的发展，先后出台了许多法律、行政法规、规章和规范性文件，初步建立了多层级的节能环保法律法规体系，如图 2-1 所示。

同时，国务院及其各部委在其法定职权范围内相继发布了大量的规范性文件，有力地促进了节能环保产业的发展。例如，2006 年，国务院发布了《国务院关于“十一五”期间全国主要污染物排放总量控制计划的批复》和《关于加强节能工作的决定》，国家发改委发布了《关于加强政府机构节约资源工作的通知》《关于加快电力工业结构调整促进健康有序发展有关工作的通知》《中国节能技术政策大纲（2006 年）》和《关于印发“十一五”十大重点节能工程实施意见的通知》，交通运输部（以下简称交通部）发布了《建设节约型交通指导意见》和《关于进一步加强交通行业节能减排工作的意见》，住房和城乡建设部（以下简称住建部）发布了《关于印发〈城市污水再生利用技术政策〉的通知》，环保部发布了《废弃家用电器与电子产品污染防治技术政策》和《关于加强生物质发电项目环境影响评价管理工作的通知》；2007 年，国务院发布了《关于加快关停小火电机组若干意见》《关于印发节能减排综合性工作方案的通知》《关于严格执行公共建筑空调温度控制标准的通知》《关于印发中国应对气候变化国家方案的通知》和《关于建立政府强制采购节能产品制度的通知》，国家发改委发布了《当前国家鼓励发展的环保产业设备（产品）目录（2007 年修订）》，中

图 2-1　我国节能环保法律法规体系

国人民银行发布了《关于改进和加强节能环保领域金融服务工作的指导意见》和《关于落实环保政策法规防范信贷风险的意见》，财政部发布了《关于调整节能产品政府采购清单的通知》，环保部发布了《关于发布〈加强国家污染物排放标准制修订工作的指导意见〉的公告》；2008 年，交通部发布了《营运客车燃料消耗量限值及测量方法》；2009 年，财政部发布了《关于开展节能与新能源汽车示范推广试点工作的通知》，国家税务总局发布了《关于中国清洁发展机制基金及清洁发展机制项目实施企业有关企业所得税政策问题的通知》；2010 年，国家发改委发布了《关于加快推行合同能源管理促进节能服务产业发展的意见》，工业和信息化部（简称工信部）发布了《关于进一步加强中小企业节能减排工作的指导意见》。

通过这些政策法规，突出了发展节能环保产业的重要性，促进了节能环保产业的快速发展。但总的来看，目前依然存在以下问题：一是没有形成健全和完善的法律法规体系，层级较高的法律和行政法规数量偏少，规章多为部委单独发文，规章之间的衔接性还有待完善；二是缺乏严格的监督执行机制，多为指导性意见而缺乏具有普遍约束力的规范性文件；三是法律效力不够，一般规范性文件偏多，缺乏强有力的法律保障和细致可行的执行方案。这就使得相关企业和利益主体感觉不到节能环保的经济贡献，违规成本较低，从而普遍缺乏增加节能减排项目投资的意愿，在有资金的情况下更倾向于投资于盈利的项目。因此，需要进一步完善环保法规体系和激励约束并举的经济政策体系，引导企业将资金投入到节能环保上来。

2. 节能环保产业发展迅速，但总体规模仍然偏小

“十一五”是我国节能服务产业持续快速发展、不断走向成熟、取得辉煌成就的五年。根据中国节能协会节能服务产业委员会（ESCO Committee of China Energy Conservation Association，EMCA）所作的《“十一五”中国节能服务产业发展报告》（2011 年），从 2006 年到 2010 年，EMCA 会员从 89 家递增到 560 家，增长了约 5 倍；全国运用合同能源管理机制实施节能项目的节能服务公司从 76 家递增到 782 家，增长了约 9 倍；节能服务行业从业人员从 1.6 万人递增到 17.5 万人，增长了约 10 倍；节能服务产业规模从 47.3 亿元递增到 836.29 亿元，增长了约 16 倍；合同能源管理项目投资从 13.1 亿元递增到 287.51 亿元，增长了约 22 倍；合同能源管理项目形成年节约标煤能力从 86.18 万吨递增到 1064.85 万吨，实现二氧化碳减排量从 215.45 万吨递增到 2662.13 万吨，增长了约 11 倍；在“十一五”期间，节能服务产业拉动社会资本投资累计超过 1800 亿元。预计“十二五”期间全国节能服务公司数量从“十一五”期末的 782 家发展到 2500 家，行业从业人员突破 100 万人，其中大型综合性节能服务公司（年产值 5 亿元以上）50 家，大型专业化节能服务公司（年产值 2 亿元以上）100 家，节能服务产业实现总产值 3000 亿元，其中合同能源管理投资超过 1500 亿元，实现节能能力超过 4000 万吨标煤，在“十一五”的基础上形成新的跨越式发展。

3. 节能服务公司数量增长迅速，但节能服务业发展水平仍然不高

节能服务业是以工业节能、建筑节能、交通节能为服务对象，以合同能源管理机制为服务方式的节能企业，是节能减排产业中重要的部分。节能服务公司是基于合同能源管理模式运行的提供专业化节能减排服务的公司，为客户提供节能潜力分析、节能项目可行性分析、项目设计、项目融资、设备选购、工程施工、节能量检测、人员培训、设备维护保养及项目运行管理等全过程的一条龙服务。以节能企业用户减少的能源费用来支付节能项目全部成本的合同能源管理是一种新型的市场化节能减排机制。在引入中国的 10 余年来，采用合同能源管理机制的节能服务公司不断发展，特别是“十一五”以来，随着国家出台一系列推动节能的政策措施，节能服务产业得到了较快发展，如图 2-2～图 2-4 所示。

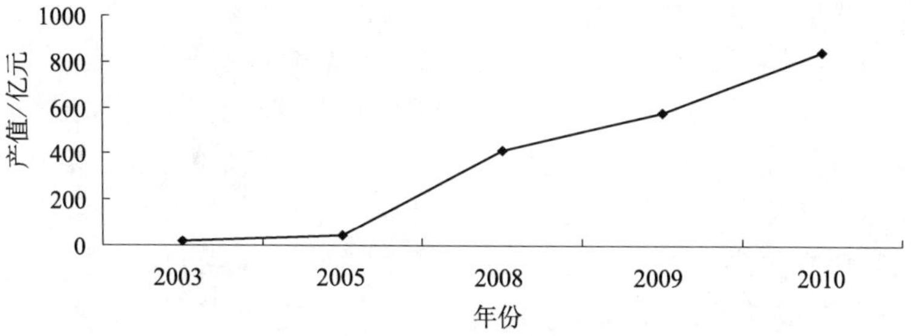

图 2-2　节能服务业产值增长趋势

资料来源：国家发改委网站

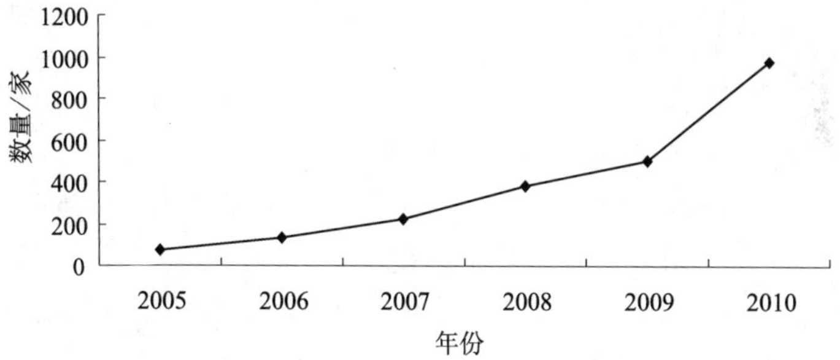

图 2-3　节能服务公司增长趋势

资料来源：国家发改委网站

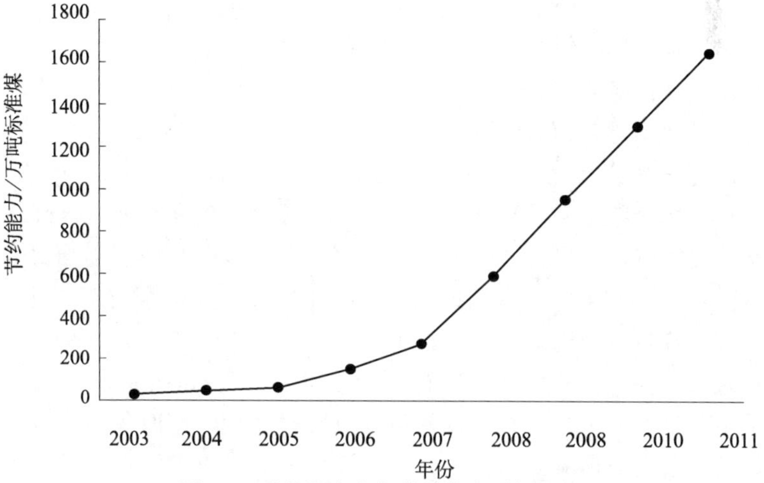

图 2-4　节能服务业年节约能力增长趋势

资料来源：程刚，2012；国家发改委能源研究中心网站

从图 2-2～图 2-4 中可以看到，截至 2010 年，节能服务公司的数量从 2005 年的 76 家增加到 900 多家，节能产业的产值也从 2003 年的 18 亿元增加到 840

亿元，创造的节约能力增加到1300多万吨标准煤。整个产业获得了长足的发展，但仍然十分落后于国际水平。根据国家节能中心主任李仰哲提供的数据，人口只有我国1/14的瑞典，其拥有的节能服务公司数量，却是我国的近8倍。“十一五”期间，从推进节能减排到建设生态文明，从城镇污染防治到农村环境保护，从水环境综合治理到生物多样性保护，从光学监测卫星到无人机遥感系统，中国环保事业快速发展，环保治理状况得到进一步提升，2010年中国环保产业产值超过1万亿元，增长率达14%，中国环保治理释放出的巨大需求为节能服务业提供了广阔的发展空间。在巨大的机遇与挑战面前，不断提升节能服务产业的发展水平，促进节能服务产业的发展是急需解决的问题。

二 促进我国节能环保产业发展的紧迫性

1. 全球变暖的严峻挑战和国际压力的不断上升

在过去的100年中，二氧化碳、甲烷等温室气体的排放使得全球平均地表气温上升了0.3～0.6℃，而且这种全球变暖的趋势正在加快。根据联合国政府间气候变化专门委员会（IPCC）的预测，到21世纪末全球气温将至少升高4.8℃，由此而来的冰川融化、海平面上升、新的病原体传播、自然灾害频发将使人类面临灾难性的后果。而且近年来中国气候随着社会经济的发展也发生了明显的变化：首先，中国年平均气温升高了0.5～0.8℃。从区域分布来看，北方地区气温变暖明显，特别是华北和华东的部分地区。长江流域部分地区及西南部分地区出现干旱天气的频率增加；从季节分布来看，冬季气温升高最明显，特别是华北地区连续数年出现暖冬天气。其次，在降水量方面，虽然中国年均降水量变化趋势不显著，但区域降水变化波动较大。中国年平均降水量在20世纪50年代以后开始逐渐减少，平均每10年减少2.9毫米，但1991～2000年略有增加。从地域分布来看，华北大部分地区、西北东部和东北地区降水量明显减少，平均每10年减少20～40毫米，其中华北地区最为明显，这导致华北大部分地区地下水位严重下降，有的地区人畜饮用水和农业用水缺乏。最后，海平面出现上升趋势，中国海平面平均上升速率为2.5毫米/年，由于中国海岸线漫长，沿海地区又往往是全国经济比较发达的地区，海平面的上升对中国经济社会的影响不可低估。另外，在全球整体变暖的过程中，有时还会出现一些变异的现象，某些阶段或者某些地区会出现相反的模式，气温可能会反而下降而变冷。例如，2008年中国南方地区的大面积降雪和冰冻、山东沿海城市的暴雪，以及2009年北方地区遇到了多年以来最冷的冬天等，这都给人们的生产和生活带来不利影响。

同时，中国近年来社会经济发展处于快速工业化、城市化的进程中，生产生活中的碳排放量呈现逐年上升的趋势。据统计，1965～2008 年中国的二氧化碳排放量一直在快速增长，年均增长 5.5%，2008 年比 2007 年的排放量增长了 6.4%，呈现出加速增长的态势，并于 2008 年超过美国，成了世界上二氧化碳排放量最大的国家。截至 2010 年年底，中国单位 GDP 能耗相当于德国的 5 倍、日本的 4 倍、美国的 2 倍；中国以占世界 8%的经济总量，消耗了世界能源的 18%、钢铁的 44%、水泥的 53%，化学需氧量、二氧化碳排放量、二氧化硫排放量和酸雨面积都居世界首位。这些都使我们面临着国际社会的巨大压力。①

2. 实施节能环保基本国策是我国可持续发展的必然要求

经过 30 多年的改革开放，目前中国已经成为世界第一大出口国和第二大经济体，但普遍观点认为，中国经济发展仍处于初级阶段，经济增长仍要保持较快的速度。但随着改革发展的深入，许多问题也被“发展”了出来。最严峻的问题就是可持续发展问题，能源和资源瓶颈，以及生存环境的恶化，都将导致中国的经济增长后继乏力。目前，中国经济面临两个不得不面对的问题：一是能源和自然资源的约束。中国人口众多，人均拥有能源数量远远不足，可供开采的资源也日趋紧张，对外依存度逐步提高，已形成最严重的发展瓶颈。例如，中国除了煤炭，其他化石能源的采储比都已经或者接近个位数了。这意味着在 10 年左右的时间里，目前中国探明的能源将耗尽。二是人为温室气体排放所形成的气候的不利变化成本高昂。2011 年 1 月 12 日，全国气象局长会上发布的《中国气候公报》显示，2010 年中国全年气象及其次生灾害造成的直接经济损失超过 5000 亿元，这还不完全包含灾害本身造成的直接经济损失和破坏。气候变化所造成的灾害会抵消我们经济发展的成果。加强环保节能产业的发展可以倒逼经济转型，是转变经济发展方式的重要内容，也是检验转变方式成效的重要标志，可以促进可持续发展。同时，保护环境、促进节约资源会带来大量新的需求，促进技术进步，催生新的产业，为经济发展增添新的动力。

3. 现实情况与低碳目标的差距

根据国家发改委能源研究所发布的《2050 中国能源和碳排放报告》，如果中国要发展真正意义上的低碳经济，则每年需增加额外投资 1 万亿元人民币。仅中国政府向世界承诺的“2020 年时达到碳排放比 2005 年减少 45%的目标”这一项，在今后的 10 年当中，每年为此需新增投资 300 亿美元。这意味着到 2020 年，累积新增投资需 2 万亿元人民币。

可以看出，资本供求关系严重失衡，资金缺口很大，而且将作为一种常态伴随低碳发展的进程。如此巨大的投入，仅依靠中央政府与金融机构层面的投

---

① 章轲 . 2011. 三部委：中国企业低碳技术研发能力差 . www. yicai. com/news/2011/02/692811. html.

入，将难以为继，企业自身更是无法承受。我们一方面在强调“可持续发展”的重要性，但又难以筹集到用以实施清洁改造的资金和技术。在另一层面，低碳经济的投资成本大，回报周期长，这又在一定程度上大大削弱了各路资本参与低碳经济发展的动力。填补这项资金缺口也需要地方政府与企业积极行动起来自行救赎；同时也需要更多的非金融机构与民间资本的积极参与。

这需要进行全方位的投资模式创新的战略谋划，构建低碳资本及其主导下的低碳发展架构，一方面满足自身低碳发展的资金与技术需求，另一方面走出一条具有“安徽模式”的低碳投资模式创新之路，才能最终在低碳建设、资本融通，以及由此衍生出的排放权交易领域获得制高点地位，而留给我们的时间已经不多。

第二节　我国节能环保新能源产业投融资的途径、规模与特征

一 政府财政资金融资

发展新能源和节能环保等新兴产业，是加快能源结构调整、促进节能减排的重大举措，是推进经济发展方式转变、引领未来经济发展的有效途径，也是实现当前中国经济“扩内需、调结构、惠民生”目标和可持续发展的重要结合点。积极构建有利于新能源和节能环保等新兴产业发展的财税体制机制，是政府财政的重要职能。“十一五”以来，中国财政以科学发展、可持续发展为取向，全面贯彻落实国家推进节能减排和发展新能源的战略部署，出台了一系列财税扶持政策，初步构建了一套既立足于中国国情、符合市场经济原则，又与国际经验接轨的加快新能源和节能环保等新兴产业发展的财政政策体系。

1. 加大财政投入，为新能源和节能环保等新兴产业发展提供有力保障

建立稳定增长的财政投入机制，是促进新能源和节能环保等新兴产业发展的有力措施。各国在应对国际金融危机中，也不约而同地把发展新能源和节能环保产业作为经济刺激方案的重要内容，大力推行“绿色新政”。中国正处于工业化和城镇化加快发展及消费结构升级的关键时期，资源能源和环境压力仍在不断增加，为加快推进新能源和节能环保产业发展，中央财政在 2007 年就设立了节能减排和新能源发展两项专项资金，2010 年中央财政投入已经达到 1000 亿元以上，重点用于支持以下内容。

一是扩大节能环保产品消费。这是拉动新兴产业发展，促进技术进步的最终动力。通过实施节能产品惠民工程，已经建立了以高效照明产品、节能家电、节能与新能源汽车、高效电机四大类产品为核心的节能环保产品推广体系，节

能环保产品的市场销售份额迅速上升，逐渐成为市场消费的主流产品。

二是支持低碳技术研发和推广应用。通过实施“863”“973”等国家科技计划和重大科技专项，加大科技投入，尤其是经过多年的科研攻关，中国在新能源技术和低碳技术上已经取得了很大的进步，其中在纯电动汽车、风力发电、光伏发电、节能环保等重要领域的科技水平已跻身世界先进行列。同时，通过采取节能技术改造财政奖励政策和推行合同能源管理等方式，正在加快推动节能环保技术在各行业、各领域、各环节的普遍应用。

三是积极支持新能源产业做大做强。按照“以化石能源补贴可再生能源”理念，建立可再生能源发展基金，主要通过电价附加方式筹集资金，用于支持风力发电、光伏发电、生物质能源等可再生能源发展。在太阳能应用方面，通过实施“金太阳示范工程”和“屋顶计划”，已形成较为完整的产业链，光伏电池产量位居世界第一；通过实施“太阳能热水器下乡”和鼓励太阳能热水器在城市建筑中应用，中国已经成为世界上最大的太阳能热水器利用国家。

四是支持标准体系和公共服务平台建设。这是发展新能源和节能环保等新兴产业的基础。我国已支持建立节能统计、报告和审计的制度，以及主要污染物排放的监测、指标和考核“三大体系”，大幅提升了政府监管能力；强化完善能效标准、标识制度，对企业生产和居民消费的导向作用更为突出；支持新能源标准制定、资源评价及公共检测试验平台等的建设，为新能源发展提供了有力支撑。

2. 完善税收政策，构建有利于新能源和节能环保等新兴产业发展的激励机制

税收政策对新能源和节能环保等新兴产业具有十分重要的激励引导作用。按照激励和约束相结合的原则，中国一方面在增值税、所得税、消费税、营业税等方面出台一系列扶持和优惠政策，鼓励新能源和节能环保产业发展；另一方面，对高耗能、高污染、资源利用率低的行业和产业则取消税收优惠，甚至实行适当的惩罚性税收措施，抑制“两高一资”产业发展，为新能源和节能环保等新兴产业发展创造条件。

3. 强化政府采购，发挥政府部门在使用新能源和节能环保产品方面的率先垂范作用

政府采购节能环保产品对提高全社会节能减排意识、扩大节能环保产品市场规模、推进节能环保产业发展具有明显的示范引领作用。中国已实施了节能产品和环境标志产品优先采购制度，制定了节能产品和环境标志产品政府采购清单，对空调、计算机等办公设备，照明产品和用水器具等实行强制采购，不断增强政府采购对节能减排的引导作用。

4. 加快制度创新，构建促进新能源和节能环保等新兴产业发展的长效机制

在市场经济条件下，发展新能源和节能环保产业，关键是要加快推进资源

环境有偿使用制度改革，实现市场主体的外部成本内部化，使传统产业特别是“两高一资”产业成本还原并提高，相应显示新兴产业技术含量高、资源能源消耗低、环境污染少的优势，增强发展的内在动力和压力。中国正在积极开展矿产资源有偿使用改革，完善污水处理和排污收费制度，稳步推进排污权有偿使用和交易试点，探索建立跨流域、跨地区生态补偿机制，不少方面已经取得了初步进展。

当然，环保产业的发展并不能过分地依赖政府资金。主要原因是我国财政资金比较紧张，与发达国家的财政资金相差很大，另外，由于受目前总体经济水平的限制，我国在相当长的一段时间里，对环保产业的财政资金投入无法大幅增加。另外，国家的政策性拨款和资助的资金是属于无偿的投入，若政府的支持过多，会造成企业严重的依赖心理，导致企业缺乏强化资金运营的压力，进而破坏市场竞争秩序。所以，环保产业的发展不能过分依赖财政资金的支持。

以上海市为例，复旦大学城市环境管理研究中心发布的《上海节能环保产业发展的思路、目标、重点及对策研究》报告显示，自2000年以来，上海环保投入保持高强度并逐年增加，全市环保投入占同年生产总值的比重始终保持在3%左右，四轮环保三年行动计划累计投入约2500亿元，到2008年上海节能环保产业共有企业3670家，从业人数约15.2万人，产业收入为450亿元，2003～2008年平均增速达到30%。

二 信贷融资

利用绿色金融政策的实施促使银行开展对高污染、高能耗行业信贷的严格管理和审核，使受限制行业和淘汰类项目的贷款规模不断降低。国家环保总局（现环保部）、中国人民银行、中国银监会于2007年7月联合出台了《关于落实环境保护政策法规防范信贷风险的意见》。之后，中国银监会相继发布了《关于防范和控制高耗能高污染行业贷款风险的通知》和《节能减排授信工作指导意见》，要求各银行业金融机构积极配合环保部门，认真执行国家控制“两高”项目的产业政策和准入条件，并根据借款项目对环境影响的程度大小，实行分类管理。截至2008年6月，五家大型银行限制类产业授信余额149.05亿元，较年初减少10.22亿元，贷款余额127.67亿元，较年初减少5.08亿元；淘汰类产业授信余额3.64亿元，较年初减少1.41亿元，贷款余额3.58亿元，较年初减少1.24亿元。

银行业在对环境风险较高行业实施减退授信的同时，积极支持节能减排工作。截至2008年6月，五家大型银行支持节能减排重点工程和项目户数595户，贷款余额 3779.52 亿元，较年初增加 506.94 亿元；支持节能减排技术创新、技术改造和产品推广的户数 1619 户，贷款余额 1105.29 亿元，较年初增加 159.65 亿元。政策性银行节能减排贷款余额 2240.58 亿元，重点支持清洁能源、污水处理系统等一批节能减排技术改造类项目。2010～2011 年主要商业银行环保行业贷款余额如表 2-1 所示。

表 2-1　2010～2011 年主要商业银行环保行业贷款余额

银行	统计指标	2010 年		2011 年	
		贷款余额/亿元	占该行当年贷款总额比重/%	贷款余额/亿元	占该行当年贷款总额比重/%
工商银行	水利、环境和公共设施管理	5493.26	11.7	4991.96	9.6
建设银行	水利、环境和公共设施管理	2161.68	3.81	2265.61	3.49
交通银行	水利、环境和公共设施管理	1639.92	7.33	1511.61	5.90
民生银行	水利、环境和公共设施管理	537.98	5.09	365.78	3.03
中信银行	水利、环境和公共设施管理	812.05	8.19	701.81	6.29
兴业银行	水利、环境和公共设施管理	932.74	10.92	781.59	7.95
国家开发银行	环保及节能减排	—	—	6583	11.9

资料来源：各大银行年度报告

其中，根据国家开发银行 2011 年年度报告显示，该行积极开展绿色信贷，支持污水处理、水环境综合整治等重点领域建设，推动低碳城市建设，斥资巨大。例如，无锡太湖北岸农村面源污染治理项目涉及面积 21 平方公里，治理河道 15 条，全长 16.4 公里，有助于加快推动太湖环境治理工作和太湖治理目标的实现，截至 2011 年年末，已发放贷款 28 亿元。又如，玖龙纸业综合授信项目，秉持环保生产理念，形成集废纸、废水、废气、废渣循环利用为一体的生产模式，有效减少了资源消耗和环境污染，促进了经济效益与环境效益协调发展。截至 2011 年年末，国家开发银行累计向玖龙纸业授信 86 亿元，贷款余额 52 亿元。

三　资本市场融资

目前，我国节能公司仍然处于起步阶段，大部分的节能服务公司还不是很强大。据 EMCA 统计，目前国内市场上，节能量保证型节能服务公司处于主导地位，占 57%，节能效益分享型占 32%，能源费用托管型占 8%，融资租赁型占 3%。

针对政府专项补贴不到位，政策实施过程中的种种弊端，银行信贷对节能产业融资支持偏好不强的现状，融资租赁型合同能源管理模式将有很大发展空间。

融资租赁以合同内能源模式介入节能服务项目，可以解决耗能客户担心节能效果，在项目初期不敢投资，节能服务商怕收不到节能收益款在初期投资存在顾虑的博弈局面，可以解决节能服务公司收回节能收益回款的问题，将金融领域对债务人的风险审查、风险规避、风险控制能力引领到节能服务业务中，提高资金的安全性。

融资租赁是一种多交易主体、多法律关系、多产品组合的结构金融产品。它是指出租人根据承租人对租赁物和供货人的选择或认可，将其从供货人处取得的租赁物按合同约定出租给承租人使用，向承租人收取租金的交易活动。它是以融物进行融资的一种融资方式，融资租赁公司必须以租赁物为载体达到承租人融资的目的。因此，可以以节能设备/资产向融资租赁公司进行融资。融资租赁在合同能源管理中的运用在法理上具有可行性，在实践中应用也较普遍，目前，越来越多的客户通过对节能设备/资产（租赁物）采取融资租赁的方式进行融资。

针对客户不同的融资需求，融资租赁公司在介入合同能源管理项目时主要采取以下两种模式。

（1）在合同能源管理项目开工建设前或者项目建设的过程中尚未竣工验收之前，如果有融资需求，一般采用的是直接租赁模式。由融资租赁公司与承租人签订租赁合同，约定具体交易事项；融资租赁公司根据承租人对供货人（EMCo）和租赁物的选择，与供货人签订《购买合同》，实践中一般体现为《总承包合同》；融资租赁公司向供货人支付购买价款，在租赁物交付（项目竣工验收）前，承租人根据约定向融资租赁公司支付租前息；租赁物交付（项目竣工验收）后，承租人根据租赁合同的约定向租赁公司支付租金；租赁期限届满后，在承租人未违反租赁合同的前提下，承租人从租赁公司留购租赁物，融资租赁合同终止。

（2）在合同能源管理项目竣工验收并且由 EMCo 向其客户（承租人）交付节能设施后，如果有融资需求，一般会采用售后回租的模式。售后回租业务，是指承租人将自有物件出卖给出租人，同时与出租人签订融资租赁合同，再将该物件从出租人处租回的融资租赁形式。由融资租赁公司与 EMCo 签订租赁合同，约定具体交易事项；融资租赁公司向 EMCo 支付租赁物购买价款，并拥有租赁物的所有权；EMCo 根据租赁合同向融资租赁公司支付租金及其他应付款项；租赁期限届满，EMCo 从融资租赁公司留购租赁物，融资租赁合同终止。售后回租业务是承租人和供货人为同一人的融资租赁方式。

现阶段，采用比较多的是上述两种模式，融资租赁在实践中还可采取杠杆租赁、委托租赁、银租节能等方式开展交易，这取决于实际情况需要与具体交易安排。

风险控制是一切融资租赁模式运作的前提，融资租赁与合同能源管理项目结合的难点在于未来节能收益的不确定性。项目的选择、技术成熟度、工程施工的好坏、能源价格的变化、工况的变化、项目后期的运行维护与服务等，诸多因素影响，作为一种接入合同能源管理融资体系的新模式，融资租赁对合同能源管理项目的融资方案也在不断探索与创新，并已发挥出积极的作用，成为合同能源管理乃至节能减排大环境下的一个重要的融资渠道。

第三节　我国节能环保产业投融资中存在的问题

一　资金需求缺口巨大

环境保护投资包括污染治理投资和污染治理设施运营费用。其中，污染治理投资包括新建项目防治污染的投资、老工业污染源治理的投资、城市环境基础社会设施建设的投资。目前，我国国家统计局的统计口径是以环保投资中的污染治理投资为统计指标的。如图 2-5 所示，我国环保投资从 2000 年刚突破 1000 亿到 2013 年达 9500 亿，创历史新高。环保产业产值也从 2001 年的 2000 亿到 2011 年的 13 000 亿。2000～2013 年，环保产业产值均高于环境保护投资额。从图 2-5 可以看出，我国环保投资的绝对数额呈持续上升趋势。2000～2013 年的 13 年间，我国环境污染投资总额增长了 9.5 倍，占 GDP 的比例由 2000 年的 1.02%上升到 2013 年的 1.67%，环保投资的增长带动环保产业产值的迅速增长。环保产业产值呈上升趋势，基本与环保投资增长趋势一致。由此可见，环保产业的发展与环保投资的数量有着密切的联系，环保产业依赖环保投资，环保投资为环保产业发展提供市场空间。

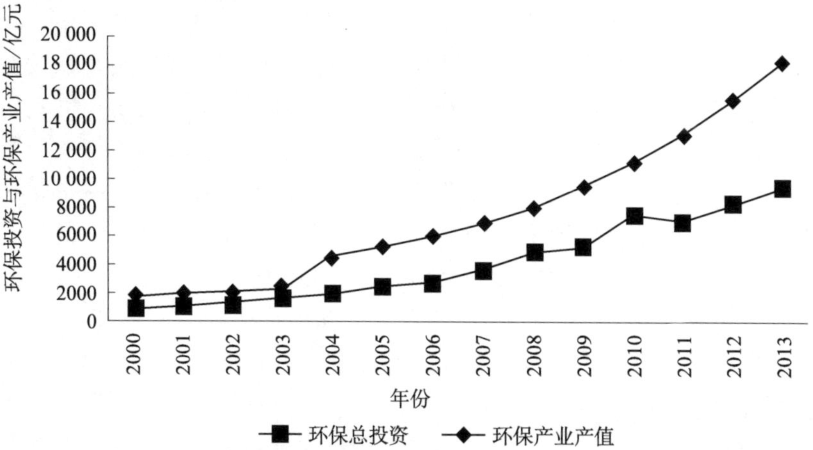

图 2-5　我国 1988～2006 年环保投资与环保产业产值

虽然我国的环保投资在逐年增加，但我国的环保投资总量占GDP的比例仍然偏低。2013年我国环保投资总额达到9500亿元，创历史新高，环保投资占GDP的比例也达到历史之最，达到1.67%。一些国际组织和经济专家研究的结果表明：环保投资占其同期GDP的1%～2%时，可以粗略性地控制环境污染的发展；若要明显改善环境质量，使环境有质的变化，需要更多的环保投资，环保投资占同期GDP的比重需达到3%～5%。从目前世界各国的环保投资情况来看，部分发达国家的环保投资占GDP比重一般在2%～3%。从数据上看，我国环保投资占GDP的比重仍不能满足我国环保市场的需要。不仅如此，在当前反映政府活动范围的财政预算的科目设置上，环保投资并非像基本建设支出、科教文卫支出等一样作为一个独立的支出科目，而是被寄托在基本建设支出、科技三项费用专项支出等科目之下。这种预算设置难以避免地出现政府财政给予环保投资的资金量得不到保证。

二 融资途径以银行贷款为主，过于单一

环保产业市场融资包括商业银行间接融资、多层次的资本市场直接融资，以及环境基础产业项目融资等。其中，直接融资主要包括股权融资、债券融资、产业投资基金融资等几种方式。我国目前的基本状况是间接融资在融资体制格局中占主导地位。以资本市场进行的直接融资，尽管自20世纪90年代以来发展迅速，但仍未成为企业融资的主要渠道。目前，我国资本市场还不够发达，企业外部融资主要依靠银行贷款而不是股票和债券融资。企业部门从外部融资的主要方式是贷款，占总融资额的平均比重超过2/3，证券（股票和债券）融资所占比重最小，平均不到融资总额的4.92%。发达国家企业的直接融资占总融资额的比重超过50%。在我国资本市场直接融资能力低下的整体背景下，环保企业的资本市场融资能力表现就更为不足。由于我国股票市场融资存在股票融资水平低、股票市值相对值低、上市公司偏好股权融资、股票市场融资效率低等问题，以中小企业为主的环保企业在股票市场上不仅面临着资本市场融资能力差的困难，还要受上市公司等各方面条件的限制，难以获得上市融资资格。据不完全统计，目前以环保为主业的上市公司主要包括环保股份有限公司（简称环保股份）、福建龙净环保股份有限公司（简称龙净环保）、北京首创股份有限公司（简称首创股份）、天津创业环保集团股份有限公司（简称创业环保）、浙江菲达环保科技股份有限公司（简称菲达环保）等近10家上市公司，涉足环保产业领域的上市公司累计近40家。上市公司投资环保产业主要集中在污水综合处理（含设计、承建、运营）、烟气除尘及脱硫、城市垃圾处理发电、汽车尾气处理、农业节水灌溉、环境技术开发、环境设备制造等领域。一方面，可以上

市参与融资的环保企业所占比例较小，加之允许上市融资的大企业受我国资本市场融资能力限制，所获资金难以满足企业自身的环保技术创新和环保产品的研制和开发，更多要依靠银行贷款的间接融资模式；另一方面，作为我国环保产业的主要构成中小企业在股权融资方面还处于谨慎探索阶段。虽然深圳证券交易所启动了中小企业板，但尚未达到真正的市场水平。

企业直接融资的另一主要手段为债券融资。由于政府政策的约束，企业产权制度不健全、社会信用体系不完善等因素导致的我国企业债券市场发展还比较落后。其中，企业债券市场的发展尤为滞后，在资本市场中难以发挥其重要作用。我国目前还没有启动环保产业投资基金。这些现实的融资问题都造成了我国环保企业融资举步维艰的境地。

我国企业融资的主导方式总体来看是间接融资模式。然而，在实际操作中，中小企业以银行贷款的形式获得资金的间接融资方式也不是很畅通的。我国各商业银行实行资产负债比例管理，风险意识增强，管理趋于规范，在贷款对象的选择上也更为严格。近年来，随着银行利息收息率进一步下降，贷款风险日益扩大。面对这种情况，商业银行对贷款发放持谨慎态度。即使是很有竞争力的环保企业，也很难从商业银行获得贷款。而且目前国有商业银行实行集约化经营管理体制后，以中小企业为主要服务对象的县级支行、办事处无信贷的决策权，贷款业务只收不放，贷款就更加无法投向中小环保企业了。此外，由于目前我国环保产业仍以政府投资为主，以“十一五”为例，1.3 万亿元环保投资基本是由政府投入，这主要受“环保靠政府”的传统观念的影响，融资渠道单一，还是政府唱主角，市场没有发挥应有的作用，社会资本游离于市场之外，资金来源主要依靠体制内的财政性融资，即地方财政和排污收费。同时，因为融资机制落后，环保投入机制基本上是延续计划经济体制，环境保护市场化程度远远落后于整个国民经济的市场化程度。环保产业市场无序竞争问题比较突出，投资者难以确保能够获得稳定的、基本的投资收益，这也影响了商业性银行的积极性。不仅如此，中小环保企业受自身条件限制，固有的生产规模小，管理水平低，信息闭塞，造成其在财务管理、融资能力等方面存在着自身无法解决的问题，因此其对金融服务的需求是多方面的，中小环保企业需要的不仅是一般性的贷款业务，而且需要承兑、保函等其他信用产品，然而这些产品目前大多数是面向大企业的，受现行法律法规的限制，专门为中小环保企业融资而开发的新品种和衍生工具几乎没有。目前大部分银行对中小环保企业的金融服务尚处于较低层次，无法为其提供财务、金融、资产重组、结算、理财等方面的策划和咨询等较高层次的服务。在我国环保设施融资过程中，采用项目融资方式进行融资的应用所占比例很低。我国目前在使用项目融资的领域中，最常见的类型是投资者共同组建一个具有独立法人资格的项目公司，通过项目公司安排环境基础项目融资。虽然环保设施的建设和运营逐步在尝试市场化，并取得了一些进展，但是项目融资的手段还没有在环保产业中普遍展开。我国只有大型环境资源开发项目采取了项目融资的方式获得资金，大部分环境治理工程、生态环境恢复等都还没有采取项目融资的方式来吸收资本，这也是我国环境投融资不足的主要原因。

综上所述，信贷市场的抑制，造成了环保企业无法以较低的成本获得信贷。资本市场的抑制使我国环保产业的资本市场融资十分薄弱，并且被严重边缘化，从而使环保企业的融资不能转向社会资本这一主渠道，进而影响并束缚了环保产业的发展空间。

三 我国现行合同能源管理机制设置不恰当，导致其投融资严重受限

1. 产业阶段与银行风控重点难以对接，导致许多环保项目无法获得融资

从银行方面来说，首先，环保项目虽然发展很快，但目前还没有形成产业规模，介入之后银行所要承受的机会成本是不容忽视的。为规避和降低经营风险，银行对环保项目的态度比较冷淡。其次，环保信贷标准多为综合性和原则性的，缺少具体的指导目录与环境风险评级标准，商业银行难以制定相关的监管措施和实施细则，从而降低了信贷措施的可操作性。最后，环保产业的专业性很强，目前对环保产业信贷支持中涉及的准入、技术、排放、能源消耗和循环利用能力等标准，尚无完备的规定，这使银行在控制“三高”企业贷款时难以识别和界定。目前银行对环保产业项目的服务还停留在传统的贷款模式上，缺乏具有针对性的金融产品。

由于环保产业的外部性和收益不确定性，目前国内环保企业难以提供商业贷款要求的抵押品或者有效担保；银行又对环保技术和环保产业不熟悉，考虑到贷款的风险及安全性，也难以实施信贷业务。从中小企业融资渠道来看，商业银行，特别是股份制商业银行受到中小企业的青睐，但银行对中小环保企业还是信心不足。许多缺乏抵押担保的环保企业尽管项目前景很好，但融资依然困难。

2. 合同能源管理机制的四个不“清”导致我国合同能源管理的不可持续

目前国家发改委推行的《合同能源管理办法》并没有作为一个概念框架，而是作为一个合同文本，因此存在四个不“清”。第一，交易性质不清。不同的交易性质应该签不同的合同，所以《合同能源管理》应该作为一个总的框架协议，然后根据合同能源管理公司在项目过程中的不同角色，分别签署投放合同、

服务合同、采购合同、技术许可合同等。把不同的法律关系、不同的交易形式糅合在一个合同文本里会导致交易性质不清。第二，会计处理不规范。具体表现在“投放”这个概念是模糊的，造成了财产主体缺位，需要节能服务商和用能单位明确是股权投资还是剥离出来成立一个项目公司，而一般情况下服务商和用能单位双方都是不清楚的。第三，税收适用不合理。因为这个合同包含着多种交易性质，使税务部门判断为混合交易行为，在纳税上会出现混乱。第四，发票问题。第一个问题交易性质不清晰使得发票的开具也会出现问题。

四　环保产业促进政策与投融资机制难以无缝对接

作为投融资主体的政府，面临效率和体制的双重制约。较高的公共资金成本是中国经济的一个重要制度特征。一般来讲，政府的收入是通过税收得到的。在中国，税收系统远不是极大化社会福利而精心设计的直接或间接税。人们普遍认为，对于发达经济，公共基金的社会成本在0.3～9.5；对于发展经济，世界银行的估计大于1，某些研究表明中国经济的公共资金成本在2左右。监督机制的不完善，低效率的审计和会计制度，加之政府投资、政府建设、政府运行的传统污染治理模式从制度上排挤竞争，缺乏效率，致使高成本的公共资金使用效率低下。目前我国花费巨资建设投入运行的污水处理设施有2/3都是“晒太阳工程”，就是铁证；就中央政府发行的国债资金而言，由于中国缺乏有效的中央与地方协调发展、分工负责的投融资机制，地方项目从立项到得到资金，需要上下多次多级的反复，层层审批，周期过长，规模失控，责任主体缺位，体制摩擦进一步降低了资金使用效率；呼吁极高、国际上通行的地方政府融资手段——市政债券的发行，受我国财税体制的限制，迟迟未能争取到在经济发达城市试点的机会，从而大大削减了地方政府的商业融资能力。

五　环保投融资主体倒置，企业缺乏环保投资动力

生产企业花钱治理其污染主要是为了履行环保法律法规。但是从传统的生产范畴来看，这部分资金对生产企业来说是它们额外的支出。如果没有强有力的执法监督，它们肯定不会拿出钱来治理，因为不建造污染治理设施处理它们的污染在经济上更加有利。由于中国环保法律法规存在缺陷，而且还缺乏有效的激励机制和监督管理制度，企业就存在钻空子的机会。为了应付阶段性、突击的达标要求，有些企业仓促上马建造污染治理设施以应付突击的环保检查。突击的环保检查一过，有些企业就停止运行这些污染治理设施或者有意偷排偷放未经处理的污染物，不仅污染了当地环境，而且造成投资的

极大浪费。市场经济体制下，企业应是环保投资的主体，但是我国企业没有环保投资的积极性。企业对防治污染、保护环境具有内在要求的唯一原因是防治污染、保护环境可以给企业带来经济效益，至少是企业向政府交纳的排污费应大于其排污设备的购置和运转费。当前我国企业向政府缴纳排污费的数额要比企业投资治理污染的成本低得多，这就造成企业宁可被政府罚款也不愿意购置设备治理污染。这时政府罚款已不是惩罚性质的收费，而是企业变相地向政府购买污染权。

六 采用融资租赁方式的节能减排企业和环保项目不多

融资租赁是节能服务的新形式。虽然国家也出台了相关支持节能减排的各项政策，但大部分可操作性较差，真正能落到实处的较少。因此，商业性金融机构要积极探索创新信贷管理模式，根据节能环保产业经济发展特点，研究针对有市场、有效益、有还贷能力的节能环保、科技创新和技术改造企业所需的流动资金贷款需求，按照信贷投放原则优先予以支持；对资信好的自主创新生产企业可核定一定的授信额度，在授信额度内，改进服务方式，简化贷款手续，减少审批环节，及时提供多种金融服务。同时，要积极创新节能环保领域的金融产品，一方面要开发节能技改项目贷款、节能服务或合同能源管理公司融资、买方信贷、公共事业服务商模式、设备供应商增产模式、设备融资租赁等融资产品；另一方面要积极探索适应节能环保企业的多形式贷款担保方式，如开办知识产权权利质押、未来收益权质押、收费权质押、应收账款质押等多种业务。政策性银行要加大对国家节能减排科技专项、重点行业与重要区域节能减排共性与关键技术科技专项、重大技术装备产业化示范项目和循环经济高技术产业化科技专项的资金支持力度；加强与商业性金融机构合作，通过联合贷款、银团贷款等多种合作方式，为起步资金大、项目回收期长的重点节能环保项目提供全程的金融服务，根据项目不同阶段的信贷需求提供不同的信贷产品。另外，要帮助支持节能环保企业多角度拓展直接融资渠道，建立和完善企业上市后备资源信息库，积极鼓励和推动符合节能减排条件的企业尽快实现在境内外资本市场上市融资。鼓励符合条件的节能减排企业发行企业债券、公司债券和短期融资券等，增强其直接融资能力。在节能减排保险方面，保险公司应探索节能减排企业创新产品研发、科技成果转化的保险保障机制，为节能减排新技术、新工艺等核心技术的开发提供更多的保险服务，促进保险功能与金融融资功能相结合。同时，积极探索开展环境污染责任保险试点工作，利用保险机制促进企业加强环境风险管理，分散企业经营风险，提高企业环境事故预防能力。

第四节 我国节能环保产业政策对该产业投融资的影响

环保产业以治理环境污染、合理利用资源、保护生态环境为目的，是人们自身经济活动造成的环境损害的补偿和预防措施，是控制或减缓人们经济活动对环境的损害，实现人类社会经济可持续发展的产业。按照产业发展理论，无论是单个环保产业的发展还是环保产业的总体发展，都应该以市场机制为基础，依靠市场价格机制，优胜劣汰。但是环保产业的特殊性决定了其不能完全依靠市场机制的自发调节进行产业选择。

环保产业与其他产业不同，其特有的根本特点在于其生产的产品不能带来直接的物质和经济利益，这与环保产品的公益性有关。环保产品的效用是通过改善环境质量这一抽象而又具体的形式使企业和个人获得物质利益和精神享受。抽象形式在于环境质量的好坏没有一个统一的规定标准，某一环保产品对环境质量的贡献难以量化；具体的形式是指环境质量的好坏虽没有确切的标准，但却切实地被人们感受到，环境质量的改善又不得不依靠环保产品的应用和推广。良好的环境使人身心愉悦，容易得到人们的认可；恶劣的环境不仅不利于人们的基本生存，还会影响到人们的工作和生活状态。从客观上说，每一个社会个体都愿意生活在良好的环境中，对环境质量提高都有一定的期望；但从现实的角度看，企业和个人却不愿意在环境保护领域进行投资和生产。这是因为从经济学的角度看，投资者投资经营一般性产业可以独享其投资成果，具有排他性；而对于环保投资，投资者的投资收益不能独享，获得收益的不仅是企业本身，还包括没有参与投资或经营的企业和个人，不具有排他性。不仅如此，市场机制存在着缺陷，具有公共性、垄断性的环保产业部门“市场失灵”的现象表现得就更为明显。因此，环保产业的自身特点决定环保产业市场不会自发形成，尤其在环保产业的起始阶段，即以末端治理为主的阶段，它不是由消费的主动需求所驱动，而是由环境影响责任者的被动需求所驱动。环保产业的投资，环保产品的生产及流通，市场供需的规模，都需要依靠政府的努力，以弥补环保产业领域的“市场失灵”，而政府作用的主要表现方式就是利用环境政策，通过行政手段和经济手段来实现。

目前我国实行的三大环境保护政策，即“以预防为主、谁污染谁治理、强化环境管理”，为环保产业的发展方向、资金来源、市场形成提供了政策依托。现行的八项环境管理制度，即环境影响评价制度、“三同时”制度、排污收费制度、环境保护目标责任制、城市环境综合整治定量考核制度、排污许可证制度、污染集中控制制度、污染限期治理制度，将环境政策由观念形态转变为推动环保产业发展的有效中介，坚持执行环境政策并将各项管理制度落到实处，都将有力地推动环保产业的发展。

由于环保产业的发展具有很鲜明的制度依赖性，所以其兴起与发展严重依赖于国家的经济制度与环境保护政策的制定及实施情况。经济合作与发展组织（Organization for Economic Co-operation and Development，OECD）国家关于环保产业的报告认为，环境法规是发达国家环保产业发展的首要因素。发达国家的经验证明，环保产业的发达程度与该国环境法律法规制定的严格程度一致。环境法律法规越严格，企业与社会对环境保护问题就会越关注，企业会从自身利益出发寻找成本最低的污染治理方式，而具有专业化与规模经济特征的环保产业的存在无疑迎合了企业的这种需要，从而推动了环保产业的发展。

第五节　我国许多环保产业政策无法达到促进环保产业投融资发展的目的

我国环保产业目前所面临的困难主要表现在：环境保护以政府负担为主，企业负担的部分较少，产业难以规模化；环保服务业还很落后，环境保护设施虽已起步，但由于没有配套的环保服务业，处于半停滞状态；推动环保产业发展的政策不系统；环保市场机制不完善；产业组织及产业结构不合理等。如何完善环境保护市场、环保企业合理融资、政府和市场的关系处理得当是环保产业发展过程中需要解决的主要问题。

我国环保产业经过几十年的发展，虽然取得了很大的进步，形成了一定的规模，但是在产业结构方面确实存在一定的问题，如产品结构不均衡，且实际运转能力差；产业结构不合理，难以形成规模效益；地区发展不平衡，综合治理能力不强。这些问题直接影响了我国环保产业未来的发展。

虽然我国在法律文本的层面上已形成了一套较为完善的法律体系，但现行法律法规大部分是在经济体制转轨时期的背景下提出的，随着市场经济体制的建立与发展，很多已经不适应当今环保产业发展形势的需要；环境税费制中，缺少针对污染、破坏环境的行为或产品课征的专门性税收，排污费低于治理成本，污染罚款不足以弥补其造成的环境损失；鼓励研发、生产和使用节能环保产品，以及抑制高能耗、高排放产品的财政税收政策还不完善，影响节能环保技术、设备、产品的研发和推广；根据我国环保产业发展的现状及特点，我国环保产业以中小型企业为主，且总体技术力量薄弱，但是相应的政策法规中缺乏对中小企业的扶持政策，也没有专门的管理服务机构扶持中小企业发展。

具体来讲，可以分为以下几个方面。

1. 资源价格因素

我国目前价格调节资源的配置效率低。一些资源型产品的价格不能充分反映资源稀缺程度和市场供求关系。资源型产品的前期开发成本、环境污染的治理成本和资源枯竭后的退出成本没有在价格中得到充分体现，企业开发利用资源的外部成本没有内部化，资源型产品价格水平普遍偏低，如煤炭价格、供水价格没有反映资源补偿和环境补偿。资源型产品价格偏低，造成企业无视环境成本，最终导致环保产品、环保技术缺乏市场需求。

2. 执法监管因素

目前我国的干部政绩考核体系存在着很多漏洞，许多地方对干部的考核能力仍主要侧重于经济增长、招商引资等内容，加之现行财税体制方面的问题，一些地方片面追求经济发展，把 GDP 增长作为任务，把节能减排作为软指标，特别是一些市（地）和县（市）还不够重视，还没有制订节能减排总体性方案，责任不够明确，措施也不够具体。OECD 公布的《OECD 中国环境绩效评估》报告提出，中国“环境政策实施的最大障碍在地方”，因为“地方领导的政绩考核目标、提高地方财政收入的压力和对当地居民有限的责任与义务，都使得对经济发展的考虑优先于环境问题”。环境考核始终都没有提上日程，造成政府和监管部门对环境执法不重视，态度不坚决。我国处罚环境污染事件当事人的有关法律法规，处罚措施包括限期整改、罚款，严重者追究其刑事责任，但在实际执法时，断章取义地理解环境政策法规，执法力度不严，技术落后，流于形式，使国家的政策法律难以落到实处，起不到监督管理的作用。环保部进行了四次大规模的“环保风暴”，但没有形成一种制度性措施来约束企业的违法排污行为。执法不严造成污染生产企业和个人不经污染处理，直接将污染物排放到自然环境，从而导致治污企业的需求不足，规模不经济。据环保部的资料，目前，我国 10 个城市污水处理厂中有 9 家不能正常运转，造成有限环保资金的极大浪费，其主要原因就在于此。

3. 地方保护因素

由于地方保护，企业或个人对自己造成的环境事故可以逃脱法律责任，使得本来就难以确认的环境责任难度加大，制约了环境物品和服务的需求范围。有的地方政府介入环保市场准入的审批；有的地方不允许外地环保产品或者环境服务进入本地市场；有的地方政府或部门介入产品销售和流通，如限定、变相限定企业或个人只能经营、购买、使用本地生产的环保产品或者规定的固定企业或个人提供的环境服务等。高市场封锁、信息不对称、有的地方片面强调当地环境保护建设项目所需的设备和产品要在当地生产，造成低水平重复建设。

4. 融资渠道因素

环保产业融资渠道单一是造成我国环保企业融资困难，环保产业难以形成规模的主要原因。我国资本市场近年来发展迅速，直接融资渠道的开辟为环保产业发展提供了新的资金支持的可能。世界银行预测：到2010年，中国环境投入中的政府份额将降至59%，而非政府份额将升至41%。但2010年在即之际，中国的环境投入还是以政府投入为主，融资能力还是很薄弱的。我国的资本市场还不十分完善，股票市场尚未形成一个多层次的市场体系，企业要上市发行股票融资受到很严格的审查，必须要通过各种规定。对许多环保企业，特别是中小环保企业而言，通过直接上市融资具有相当大的难度，中小环保企业很难利用股票市场这一重要、有效的融资渠道筹得外部资金。

我国资本市场的债券市场就更未达到有效阶段，有效的债券市场和债券等级评估体系还没有建立起来，债券品种单一，债券市场极不发达，主要是国家发行债券，企业发行债券的条件苛刻而单一，资本结构变化对企业价值不会产生太大影响。另外，我国产业投资基金尚未立法。资本市场直接融资是企业筹措外部资金的主要来源，但是以中小企业为主的环保企业可以获得这些资金的渠道太窄，造成我国环保企业直接融资困难。

5. 技术水平因素

从总体上看，我国环保技术水平仅处于国际20世纪70年代中后期水平，只有少数达到20世纪80年代末90年代初的国际先进水平。环保产品主要为常规产品，技术含量低。在烟气脱硫、城市垃圾资源化、城市生活污水处理和高浓度有机废水治理等重点领域的一些关键产品还没有自己的制造技术。环境污染治理技术和监测技术及仪器设备方面，综合配套、优质高效、自动化、智能化的产品还比较少，绝大多数技术水平高、产品质量精良的环保设备基本上都是从国外进口的。

我国存在企业与研发中心脱离的情况，这一现象是环保企业技术普遍低下的主要原因。加之，中小企业进入门槛低，环保技术水平不高，容易被复制模仿，造成中小企业主要从事一些低端、重复性生产，造成浪费。在运营环保设施时，受技术水平限制，难以对基础设施进行基本的维护和维修，加大了运营管理的难度，最终不得不停止运行，造成浪费。目前我国的技术开发力量主要分布在大专院校、研究院所，尚未与企业结合。这样导致研发部门技术开发的投入不足，而企业又没有以企业为主体的技术开发和创新体系。将企业与科研部门相结合，将企业的资金注入科研部门，将科研成果应用于企业生产，实现产学研结合，是未来环保产业发展的可行之路。

第三章 我国融资租赁的迅速发展为节能环保融资租赁奠定了基础

尽管早在改革开放之初，我国就从发达国家引进了融资租赁方式。但在此后的30年间，我国融资租赁业发展缓慢，在20世纪90年代，甚至一度陷入停滞状态。2001年，我国成为全球第六大贸易国，并完成了加入世界贸易组织（WTO）的谈判。入世为中国经济开放迎来了新的契机——扩大了国内外投资人行业准入的范围，降低了行业准入的门槛。可以肯定地说，入世使中国融资租赁行业恢复了生机。

我国融资租赁业是中国入世10年之中最为受益的行业之一。2005年，我国对国内投资人开放了融资租赁市场；2007年，我国对本土商业银行或投资人开放了金融租赁市场。由此开辟了中国融资租赁业的新篇章。

与此同时，作为与实体经济直接相关的融资租赁业，伴随我国融资租赁机构数量的迅速增加和新增投资规模的扩张，其所服务的对象，我国各行各业的实体经济，也相应地得到了租赁融资的支持。

第一节　我国融资租赁业在入世的推动下获得了高速增长

2005～2012年的7年间，我国融资租赁业得到了惊人的高速发展。我国融资租赁机构数量不断增加，融资租赁交易的规模也呈持续、大幅度增长的态势，融资租赁交易所覆盖的行业几乎遍及国民经济的各个部门。

受2008年发生的次贷危机的影响，世界许多国家的融资租赁市场，都出现了很大程度的萎缩，其中，世界融资租赁2009年投资总额下降了24%，84%的国家呈现负增长，74%的国家经历了两位数的衰退，50个国家中有10个国家的租赁新业务额减少超过50%①。然而，中国连续几年交出了令人瞩目的增长报告。2006～2010年，中国融资租赁市场呈现几何级数的增长，2009年，新业务增长了87%②。在全球经济衰退的大背景下，这一增长速度不能不令人惊叹。并且于2009年，中国成为世界第二大融资租赁交易国（按当年新增融资租赁投资排名）。但是，截至2010年，中国融资租赁渗透率（当年新增融资租赁交易额/

---

① 资料来源：怀特克拉克集团（White Clark Group），《全球融资租赁报告2011》（Global Leasing Report）.

② 资料来源：史燕平.2011. 世界融资租赁年报——中国分报告. 欧洲货币出版集团.

当年全社会设备投资总额）仅为3%，而美国这一数据已连续近30年保持在30%上下的水平，其他发达国家为10%～30%，由此显示出，中国融资租赁市场还有巨大的发展空间①。

一 我国各类融资租赁机构数量持续增加且构成日益完善

从2007年起，中国融资租赁机构的数量，保持了持续增加的态势，出租人的构成，也日益多样化。根据国内外分类侧重的差异，我们可以分别从我国的监管体系角度和国际上融资租赁公司市场功能两个角度来分析。

1. 与我国监管体系相对应的融资租赁机构分布

由于我国仍然对融资租赁业实施严格的监管体制，任何从事融资租赁交易的融资租赁机构的设立，首先必须要得到相应政府部门的批准。所以，根据监管体系的不同，2010年中国新增融资租赁机构具体分布如表3-1所示。

表3-1 中国融资租赁机构：按监管体系分类（2010年年底）

时间	监管部门			合计
	商务部外国投资管理司*	商务部市场建设司与国家税务总局联合审批**	银监会	
2010年前累计	121	45	13	179
2010年新增	15	0	4	19
合计	136	45	17	198

* 中国外资融资租赁公司累计审批了125家，但到2009年，已有4家清盘

** 到2011年5月，因商务部机构调整，监管部门由市场建设司变更为流通发展司

资料来源：笔者自己的统计

2010年，银监会新批准了4家金融租赁公司的设立。其中，三家由上市商业银行投资设立，即农银租赁、光大租赁和兴业租赁；一家是由大型国有企业中国石油天然气股份有限公司（简称中石油）投资设立的昆仑金融租赁有限责任公司。到2010年年底，银监会审批设立的作为非银行金融机构的融资租赁公司（业内习惯称为金融租赁公司）累计已达17家。此外，由商务部及地方商务厅、商委新批准了约15家融资租赁公司的设立，均为由商务部外国投资管理司监管的中外合资或外商独资的融资租赁公司。到2010年年底，商务部外国投资管理司自1981年以来累计审批设立的外资租赁公司达140多家。到2009年年底，商务部、国家税务总局联合审批了内资融资租赁试点企业累计6批45家，而2010年，没有新增试点企业被批准。

2. 我国融资租赁机构按市场功能的分类及其相应的投资人构成

与国际常见的银行出租人、厂商类出租人和独立第三方出租人的分类方法

① 资料来源：White Clark Group，Global Leasing Report.

相同，在我国融资租赁市场上，这三类出租人的构成也日趋完善。不过，结合我国本土投资人设立融资租赁公司的动机和我国融资租赁业的监管体系的因素，在我国市场上的这三类出租人，还有许多特别之处。

截至2010年年底，我国境内大约有198家融资租赁公司，根据融资租赁机构投资人的不同，其中，银行类租赁公司约21家，约占10.6%，厂商类租赁公司44家，约占22.2%，独立第三方租赁公司133家，约占67.1%，如表3-2所示。

表3-2　中国融资租赁机构：按投资人的类型分类（2010年年底）

分类	银行类	厂商类	独立第三方	合计
外资	12 (6.1%)	27 (13.6%)	97 (49.0%)	136 (68.7%)
内资非金融机构		17 (8.6%)	28 (14.1%)	45 (22.7%)
内资金融机构	9 (4.5%)		8 (4.0%)	17 (8.5%)
合计	21 (10.6%)	44 (22.2%)	133 (67.1%)	198 (100%)

注：括号内为各类融资租赁机构所占的百分比

资料来源：笔者自己的统计

1）我国银行类出租人

我国银行类出租人，既包括由跨国银行在华投资设立的融资租赁公司，也包括由本土银行投资设立的金融租赁公司，截止到2010年年底，我国融资租赁市场共有银行类出租人16家。

其中，由中国本土银行投资设立或控股的全资金融租赁子公司9家（其中的8家为上市商业银行，1家为中国三大政策银行之一的国家开发银行）。这部分银行类出租人的突出特点是，由银监会批准设立，在我国属于非银行金融机构，最低注册资本要求很高，而实际注册资本往往更高，最高可达60亿元，远远超过银监会所规定的最低注册资本要求。由外资银行在华投资设立的融资租赁公司共7家。其中，入世后所设立的外资银行类融资租赁公司，多采用外商独资的方式。这部分银行类出租人的突出特点是，由商务部批准设立，在我国，不被当作金融机构监管，其注册资本的要求是1000万美元或等值外汇。相对于本土银行投资的金融租赁公司而言，外资银行出租人注册资本的要求非常低。可以说，外资银行投资设立的融资租赁公司，在中国获得了很大的监管套利。也正因为如此，尽管中国在入世承诺中，对外开放了中外合资金融租赁公司的设立。但到目前为止，还没有一家外资银行，到银监会去申请设立作为金融机构的中外合资金融租赁公司。

2）厂商类出租人

在我国的厂商类出租人，也是既包括由跨国公司在华投资设立的融资租赁子公司，也包括由国内本土设备制造企业投资设立的、作为内资试点企业的融资租赁公司。截止到2010年年底，中国融资租赁市场共有厂商类出租人24家。

对于设备制造厂家而言，融资租赁业务已被国际实践所证明，是促销的有力手段。设备制造厂家，通过运用租赁促销，不仅可以增强本企业产品的竞争力，还能提高客户忠诚度，有利于其实现设备的更新换代。当我国政府在入世之后对本土投资人开放融资租赁市场后，许多有条件和有能力的国内制造业厂商纷纷尝试开展融资租赁业务，投资设立或参股融资租赁子公司。目前，有本土产业或厂商背景的出租人，占到内资试点企业出租人的2/3。这部分出租人所经营的设备，主要集中在建筑施工机械领域，IT行业厂商也有少量的租赁业务。而对于其他本土装备制造业而言，由于融资租赁属于金融业务，无论从资金实力、人员素质还是产品规模的角度考虑，这些厂商的能力有限，尚无足够的动力开展融资租赁业务。

根据股权结构不同，本土厂商类租赁公司又可以分为两种类型，一种是由母公司直接控股，如三一重工下属的中国康富国际租赁有限公司和中联重科下属的中联重科租赁；另一种是由母公司集团内的多个厂商持股但不控股（通常由集团控股）而设立的租赁公司，如由山东重工集团投资设立的山东重工融资租赁有限公司、厦门海翼集团投资参股设立的厦门海翼融资租赁有限公司等。

这部分出租人的突出特点是，是中国融资租赁市场机构数量增长较快的部分，其所开展的业务最能体现融资租赁交易的业务特征，以国内装备制造业为依托，伴随母公司国际化经营战略，其融资租赁子公司也开始在相应国家设立分公司或子公司。

由跨国公司投资设立的厂商租赁公司，从20世纪90年代开始进入中国市场，是中国融资租赁市场上主要的交易主体。主要有卡特彼勒（中国）融资租赁有限公司、IBM租赁公司、西门子财务租赁有限公司、惠普租赁有限公司、日立租赁（中国）有限公司和英格索兰（中国）投资有限公司等。

3）独立第三方出租人

与前两类出租人相同，在中国境内的独立第三方出租人，也是既包括由跨国公司在华投资设立的融资租赁子公司，也包括由中国本土投资人投资设立的，或是作为非银行金融机构，或是作为内资试点企业的融资租赁公司。截止到2010年年底，中国融资租赁市场共有独立第三方出租人133家。

例如，由境外及港澳台地区投资人在中国内地投资设立的独立第三方出租人有：仲利国际租赁有限公司，2005年由中国台湾第一大独立第三方租赁公司在大陆全资设立；麦格理租赁（中国）有限公司由澳大利亚麦格理投资银行（Macquarie Investment Bank）投资设立；而恒信金融租赁有限公司则是由美国TPG私募基金收购日新租赁公司后更名而来，而远东国际租赁有限公司则是由中国中化集团公司与其海外子公司在中国内地成立的独立第三方融资租赁公司，该公司名义上是中外合资企业，而实质上，在其上市之前是由中国本土公司投资设立的。

此外，在中国四大国有银行上市过程中衍生出来的四大资产管理公司，都曾接管过所属银行名下的金融租赁公司的不良资产。这些资产管理公司在处置其母银行的不良资产过程中，对于所接管的金融租赁公司，都采取了保留这部分机构、更换名称、继续经营的策略。例如，工商银行下属的华融资产管理公司将其接管的原浙江金融租赁公司更名为华融金融租赁股份有限公司；建设银行下属的信达资产管理公司将其接管的原位于甘肃省的西部金融租赁股份有限公司更名为信达金融租赁有限公司；农业银行下属的长城资产管理公司将其接管的原新疆金融租赁公司更名为新疆长城金融租赁有限公司等；此外，还包括早期成立的江苏金融租赁公司、河北金融租赁公司，以及以中石油为主要投资人而设立的昆仑金融租赁，都属于作为非银行金融机构的独立第三方出租人。

而天津渤海租赁有限公司、长江租赁有限公司、山东融世华租赁有限公司等，则是纯粹由中国本土投资人设立的、作为内资试点企业的第三方独立出租人。

目前，上述融资租赁机构的90%都集中在北京、天津、上海和东部沿海省份。很多中部、西部迫切需要融资租赁机构的省份，至今尚无本地融资租赁机构的设立。2010年，一些融资租赁公司开始在中国中西部地区设立分公司或办事处，机构地域分布不均衡现象有所改变。

二 我国融资租赁投资额连续增长

目前，虽然有两家全国性的融资租赁行业协会，但是，只有由非银行金融机构类出租人组成的行业协会提供了较为全面的行业统计，能够反映融资租赁行业全国性的统计数据仍然欠缺，仍然是以行业专业人士的估计数为参考。

根据上述统计和估计的2010年中国融资租赁交易额，我们可推算出中国融资租赁交易额的GDP占比和融资租赁投资渗透率（表3-3）。

表3-3　中国内地2008～2010年融资租赁渗透率及GDP占比

年份	融资租赁渗透率/%	融资租赁GDP占比/%
2008	3.78	1.046 85
2009	3.11	0.83
2010	2.17	0.498 8

资料来源：笔者自己的统计

2010年中国融资租赁的交易总量继续保持了大幅增长的原因可归于以下三方面的因素：第一，出租人数量的持续增加。与2001年入世前夕中国只有5家融资租赁公司能够正常开展业务的状态相比，从2007年开始，中国融资租赁机构数量开始持续增加，2010年，融资租赁机构数量比2009年又增加了10%。第二，本土出租人注册资本规模都很大。首先，中国融资租赁业监管部门，对本土投资人设立融资租赁公司的最低注册资本的要求就很高，而实际结果是，金融机构类的租赁公司的实际投入资本，又远远高于最低资本的要求。其次，根据监管部门杠杆比例的规定，各类融资租赁机构实际租赁交易额，都是注册资本的10倍或12倍，几乎所有的租赁公司，其业务规模都达到了杠杆比例所规定的上限。到2010年年底，中国各类融资租赁机构的注册资本（实收资本）总规模约为459.49亿元，按照1∶10的杠杆比例，可承载的最高融资租赁资产余额可以为4500亿元。第三，中国政府为应对次贷危机所实施的刺激投资政策的政策效应。2002～2009年中国融资租赁交易额如图3-1所示。

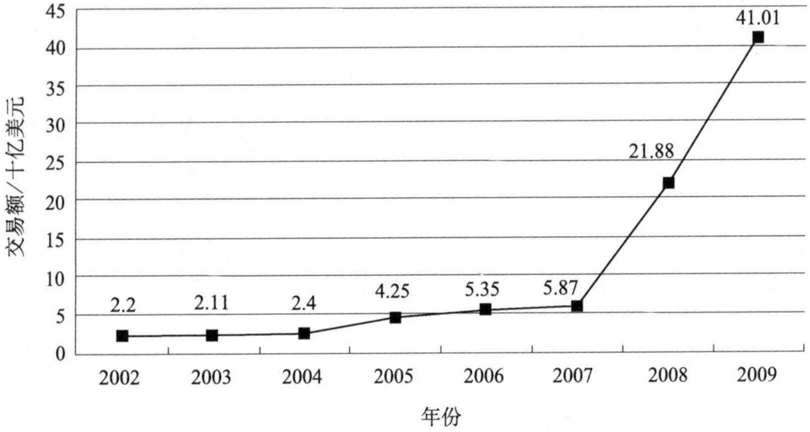

图3-1　2002～2009年中国融资租赁交易额

三 融资租赁交易方式初级并单一

中国租赁分为两类：融资租赁和普通租赁。

融资租赁最普遍的合同类型不是严格意义上的融资租赁合同，即出租人根据承租人的要求从经销商处购买设备，承租人拥有对租赁设备的选择权，并向出租人缴纳租金。事实上，最普遍的租赁合约是简单融资协议，即出租人在租期内获得全额清偿，并在租赁期末将租赁设备所有权转移给承租人（一种“租购”的形式）。

这种合同将出租人的责任限制在资产功能和质量之内，包括第三方责任，使出租人不受承租人选择租赁设备的影响。中国租赁业尚未熟悉这种复杂的、标准化的合约，因此，大部分交易限制在谈判空间较大的大企业和大单交易中。

租赁交易集中在大企业和大单的另一个因素是资信信息的缺乏。这导致中小型交易的风险管理难度较大、时间成本较高。

随着中国人民银行征信中心的成立，资信信息的可获得性不断提高。该机构掌握了大部分企业和部分个人的资信信息。目前，只有银监会批准的金融机构能够使用这些信息，而包括大部分厂商类租赁公司和几乎所有的第三方租赁公司在内的机构仍无法使用这些信息。

近年来，出租人、承租人和相关政府当局已经认识到经营性租赁的概念，然而经营性租赁在税收等方面还存在很大的发展障碍。

四 融资租赁标的物种类的丰富

相对于我国 20 世纪八九十年代融资租赁的设备以进口专用设备为主的状况，近 10 年来，伴随着承租人广泛的行业分布，融资租赁标的物的种类也越来越繁多。

首先，各类国产设备已占我国融资租赁设备的半壁江山。虽然缺乏全面的统计数据，但是，根据课题组的初步观察，自 2007 年以来，无论是我国本土银行类还是独立第三方类的出租人，甚至是许多中外合资的融资租赁公司，其所经营的租赁物件，相当部分是产自中国的设备。特别是伴随着中国装备制造业自 2000 年以来的快速崛起，尤其是其中的一些设备制造商开始运用融资租赁的方式推销本企业的产品，使得国产设备在我国融资租赁市场上的份额快速增加。但是，受制于我国的技术水平，一些高端的租赁设备，如医疗设备、大型客机等，依然是以进口设备为主。

其次，通用型租赁资产的比重增多。从融资租赁标的物适用范围的角度看，融资租赁资产可以分为只适用于选择该设备承租人需要的专有设备和可以适用于不同用户的通用设备。根据国际最佳实践，融资租赁标的物的通用性越强，越有利于出租人管理融资租赁的信用风险和资产风险。入世之前，由于中国资本资源的严重稀缺，出租人仅注重为承租人提供融资，而忽略了对融资租赁交易中的资产的特性的关注。于是，在承租人出现违约时，出租人很难通过处置融资租赁资产来管理信用风险。现在，出租人对这一问题的认识，有了很大提高。因此，融资租赁的标的物，既有用来满足特定承租人需要的专属设备，如电信设备、医疗设备、采矿设备、印刷机械和机床等，也包括了大量的、具有较高通用性的设备，如飞机、轮船、工程机械、办公设备、信息化设备和农业机械等。例如，在船舶领域，租赁的船舶包括国内各类民营和国有航运企业所需要的干散货船、集装箱船、油船、挖泥船、工程船等。尽管尚无统计数据作支持，但从笔者所掌握的信息看，通用性融资租赁标的物的增多，已成为中国融资租赁市场的一个最显著的特点。

最后，少数专业化出租人将其融资租赁资产限定在其特定的经营领域内。鉴于融资租赁交易所具有的资产融资的特性，专注于某一类特定资产的专业化出租人，已成为一种常见的国际实践。今天，中国融资租赁市场上，也有少量的独立第三方出租人开始采取这种经营策略。例如，还有专门为大专以上高校提供IT教育设备、教学器具等直接租赁服务的聚信租赁公司，专门为二级以上医院提供包括CT、核磁、彩超、直线加速器等医疗设备的直接租赁融资服务的远东、西门子财务租赁有限公司等。特别值得指出的是，伴随着绿色经济概念的推出，在世界银行的支持下，山东融世华租赁有限公司从一家合同能源管理公司转型为专门服务于合同能源管理设备租赁的节能减排设备的融资租赁公司。

五 我国融资租赁市场的经营环境在不断完善

从国际实践来看，融资租赁市场的经营环境，主要由与融资租赁交易相关的法律、税收、会计和监管四个方面的法律法规，以及与融资租赁标的物相关的融资租赁资产登记制度构成。

我国融资租赁市场的经营环境，经历了从无到有的不断完善的过程。目前，尽管我国许多关于融资租赁交易的法律法规还存在着与融资租赁交易不够和谐，甚至还略有冲突的现象，但是，随着我国对融资租赁业认识的不断提高，我国融资租赁市场的经营环境，也处于不断完善的进程中。

（一）我国融资租赁业三部门监管格局下的金融及融资租赁公司

迄今为止，我国政府对融资租赁业依然维持着多头管理的格局，即两个国家部委——银监会和商务部下属的三个司，分别审批和监管由不同投资人设立的、具有金融机构属性或不具备金融机构属性的融资租赁公司。

1. 融资租赁业三个监管部门分别审批监管三类出租人

（1）银监会及其派出机构负责审批并监管银行类出租人和非银行金融机构类出租人。现实中，所有由银监会批准设立的出租人都采用了金融租赁公司的名称。根据银监会2007年1月23日颁布的《金融租赁公司管理办法》，银监会对其所批准设立的金融租赁公司的设立和经营活动范围等，做出了规定。就法律规定而言，银监会并不排斥作为非银行金融机构的中外合资融资租赁公司或外资银行融资租赁公司的设立。但迄今为止，这两种类型的融资租赁公司均未出现。

（2）我国商务部负责对非银行类出租人进行审批和监管。所有由商务部审批设立的出租人，基本都采用了融资租赁公司的名称。其中，外国投资管理司负责审批和监管由外国投资人投资设立的外商独资或中外合资的租赁公司，所适用的法规是《外商投资租赁业管理办法》（商务部令 2005 年第 5 号）。而商务部关于融资租赁业的另一监管部门，则随商务部于 2011 年 6 月所进行的部分内设司局的名称和主要职责的调整而发生变化。调整之前，由市场建设司负责内资融资租赁试点企业的监管，适用的法规是由市场建设司于 2004 年颁布的《关于从事融资租赁业务有关问题的通知》（商建发［2004］560 号）；调整之后，内资融资租赁试点企业的监管部门变更为由原商贸服务管理司更名后的“流通发展司”，但所适用的法规没有变化。

（3）此外，根据现行法律规定，企业集团财务公司可以为下属企业办理融资租赁业务，汽车金融公司可以提供除售后回租业务以外的汽车融资租赁业务。这些公司均为非银行金融机构，由银监会负责监管，分别适用其相关行业的法律法规。这些公司虽然具有从事融资租赁业务的资格，但由于仅为兼营业务，业务量有限。

2. 内外资融资租赁公司市场准入门槛及审慎经营原则不同

首先，受银监会监管的金融租赁公司的准入门槛最高。银监会对金融租赁公司实施着类似于商业银行的管理制度。其最低注册资本的要求是 5 亿元人民币。根据审慎经营原则，金融租赁公司财务杠杆比例的上限是 12.5 倍，即净资产占风险资产的比例不得低于 1∶10。

其次，受商务部审批、监管的内外资非金融机构类融资租赁公司之间，准入门槛略有差别，但审慎经营原则相同。虽然依据两个不同的监管法规，但受商务部审批、监管的外商投资融资租赁公司与内资融资租赁公司在公司经营业务范围、监管指标等方面的标准却基本一致，所适用的审慎经营原则也相同，财务杠杆比例的上限是 10 倍。然而，这两个法规关于市场准入门槛的规定则不相同。目前外商投资融资租赁公司的最低注册资本金要求是 1000 万美元，而 2001 年 9 月 1 日以后设立的内资融资租赁试点企业的最低注册资本金则需要达到 1.7 亿元人民币（按现行汇率约合 2600 万美元），远远高于对外商投资融资租赁公司的要求。这种相同性质的主体，但注册资本金的要求却相差很大，并且对内资企业要求过高的现象，与目前中国整体经济法律环境和融资租赁行业的发展趋势不相协调。

3. 各类融资租赁公司经营范围及监管指标上的差别

金融租赁公司持有金融许可证，为非银行金融机构，受银监会监管。除融资租赁和租赁业务外，这类公司还可以申请经营其他一些金融业务，诸如同业拆借、吸收银行股东以外的股东 1 年期以上定期存款、经批准发行金融债券、经济咨询等。金融租赁公司受到严格的金融监管，在经营过程中要遵守审慎的经营规范，在资本充足率、单一客户风险敞口、高管人员任职资质、关联交易、呆账准备制度等方面有较高的监管指标。

外商投资融资租赁公司和内资融资租赁公司为非金融性融资租赁公司，均由商务部审批、监管，可以经营融资租赁和租赁，但不得经营金融业务。对于这类融资租赁公司，除净资产占风险资产的比例不得低于1∶10及财务报告的上报要求外，没有严格的监管指标。

4. 我国融资租赁业监管体系的完善

我国融资租赁业的这种监管格局，即由三个具体的政府部门，分别从投资人类型和所成立融资租赁公司的金融属性两个层面，来监管中国的融资租赁业；并且三个部门之间鲜有有效的沟通，这是在特定的历史背景下形成的。从目前的状况来看，中国融资租赁业形成统一监管的可能性尚未显现。在入世10余年后的今天，如何将依然处在试点状态的内资投资融资租赁公司变为一种常态的制度安排已引起相关政府部门的关注。据了解，商务部正酝酿将外商投资融资租赁公司与内资融资租赁公司纳入统一的管理体系。不过，若从融资租赁公司的经营状况来看，这些金融及融资租赁公司，并未因监管格局而阻碍其业务的开展。

（二）与国际会计准则体系接轨的融资租赁会计制度

在所有制约融资租赁业的法律法规中，我国融资租赁会计制度，因其从一开始就与国际会计准则接轨，从而成为最适合融资租赁市场发展的制度规范。

早在1992年，我国财政部就颁布了企业会计准则，并在此基础上，于2000年颁布了中国的《企业会计准则——租赁》。租赁会计准则，基本采纳了“国际会计准则17号——租赁”的分类方法与标准。但是，由于当时中国市场化程度还不够深入，我国融资租赁市场也不够发达，包括租赁会计准则在内的会计准则体系未能在中国得到广泛的应用。

从2006年2月起，我国财政部对外发布了与国际会计准则趋同的企业会计准则体系，并决定从2007年1月1日起，在上市公司和大中型企业推行企业会计准则体系。在现行企业会计准则体系中，租赁会计准则从内容上讲，继续保持了与国际会计准则的趋同。仅在一些具体内容上，按照中国法律的规定和中国企业的实际进行了调整。例如，排除了土地使用权租赁协议和建筑物经营租赁协议对本准则的适用；对租赁开始日的定义、初始直接费用的确认等做了更明确的界定；特别是对出售回租后形成一项经营租赁时，就租赁资产的售价与资产账面价值之间的差额的确认上，规定“售后租回交易认定为经营租赁的，售价与资产账面价值之间的差额应予递延，并在租赁期内按照与确认租金费用相一致的方法进行分摊，作为租金费用的调整。但是，有确凿证据表明售后租回交易是按照公允价值达成的，售价与资产账面价值之间的差额应当计入当期损益”。

经过这些年的实践，企业会计准则的实施已经取得了良好的实施效果与经济效应。就融资租赁业而言，得益于世界银行的技术援助，我国租赁会计准则的规定，实际是走在了我国融资租赁市场发展的前面，为我国融资租赁市场经营性租赁交易的发展，提前做好了铺垫。

（三）租赁税收框架基本构建但尚需完善

中国现行税制始于1993年，与租赁交易相关的核心的税收种类是企业所得税和流转税中的增值税与营业税。

1. 企业所得税与融资租赁资产税前抵扣的归属

中国企业所得税税率为25%。但是，在确定应税基数时，《企业所得税法》没有对租赁资产的税前抵扣的归属做出专门的规定，而是直接采用了租赁会计准则的标准，即如果一项租赁交易属于会计准则分类下的融资租赁，由承租人确认租赁资产的税前抵扣；否则，如果一项租赁交易属于会计准则分类下的经营性租赁，则应该由出租人确认租赁资产的税前抵扣。

但是，事实上，中国流转税制度中关于经营性租赁的一些混乱规定，导致出租人无法正常从事经营性租赁业务。所以，现实中，几乎不存在出租人计提经营性租赁资产折旧的情况。如果出租人提供了一项经营性租赁交易，则出租人和承租人均不确认租赁资产，从而都不进行租赁资产折旧的所得税的抵扣。

2. 流转税中的增值税和营业税及其融资租赁交易的适用

中国的流转税主要是两个税种：增值税和营业税，分别适用于生产领域和服务领域。并且这两个税种都适用于融资租赁交易。而由于融资租赁交易横跨设备流通和金融服务两大领域，所以我国融资租赁交易的流转税缴纳环节非常复杂。

1）增值税与营业税的基本规定

中国的增值税制度，与国际上通行的增值税相同，只是在2009年对抵扣范围做了调整。之前是生产设备不能抵扣的生产型增值税，而之后变为可以抵扣生产设备所含增值税的消费型增值税。

而营业税是中国所特有的税种。营业税征收的一般方法是应纳税企业的营业额乘以适用税率。因服务行业所包含的种类很多，所以营业税是差别税率，从3%至20%。再进一步说，对银行业而言，营业税的税率是5%，但纳税基数远远小于其营业额的毛收入。

2）融资租赁交易中增值税和营业税的适用

每一项融资租赁交易，都要同时适用这两个税种。

就纳税环节而言，融资租赁交易在设备采购环节要缴纳增值税，而出租人收取承租人支付的租金时，要缴纳营业税。

具体来说，对增值税而言，2009 年以前，由于中国采用生产型增值税税制，出租人在购买融资租赁设备时，在向设备供应商支付货款的同时，还要向其支付相应的增值税税额，并取得供应商提供的、以出租人为抬头的增值税发票。出租人所垫付的这部分增殖税额，通常由承租人在租赁开始日，一次性地偿还给出租人。所以，该税额实质上是由承租人直接支付并负担的，与租赁交易中的租金无关。由于是生产型增值税税制，企业购买设备所上缴的增值税，不能在其生产经营过程中进行抵扣，所以，是否拥有租赁设备的增值税发票，对承租人盈利核算没有不利的影响。

3. 2009 年的增值税扩围，一定程度上阻碍了融资租赁业的发展

但是，从 2009 年 1 月开始，中国实施增值税扩围。增值税扩围有两个方向：一是增值税抵扣范围的扩展；二是征收增值税行业的扩展。

从 2009 年 1 月开始实施的增值税扩围属于第一种情况，即通过由生产型向收入型或消费型增值税转变，而扩大了企业增值税的抵扣范围。于是，当企业在投资购买设备时，是否取得增值税发票，就会对该企业的盈利核算产生完全不同的财务影响。而与下述融资租赁公司适用营业税相关，由于出租人无法开出增值税发票，从而使新的增值税制度成为当前阻碍中国融资租赁业发展的最为严重的问题。

对营业税而言，所有从事租赁交易，包括传统租赁和融资租赁的出租人，都要缴纳营业税，即出租人所收取的由承租人交纳的租金，是其基本的营业收入额。租赁公司所适用的税率都是 5%。

但是，根据税法，两类出租人在确认纳税基数时，所采用的方法则完全不同。从事传统租赁交易的出租人，营业税的纳税基数是租金收入总额。而从事融资租赁交易的租赁公司，包括银监会批准的银行类出租人、商务部外国投资管理司批准的中外合资或外商独资融资租赁公司，以及商务部市场建设司批准的内资试点融资租赁公司在内，其营业税的适用，与银行业相同，按毛收入缴纳营业税。也就是说，融资租赁公司营业税的纳税基数是其利差收入，即大致的计算方法是，租金总额扣除设备购置成本和出租人融资利息支出部分。显然，融资租赁公司营业税的纳税基数，要大大地小于传统租赁公司的纳税基数。所以，能够有资格按照这种方式缴纳营业税的融资租赁公司，必须是得到上述政府相关监管部门批准设立的融资租赁公司。与此同时，出租人开给承租人的发票，不是增值税发票，而是营业税发票。

在实施生产型增值税制度时，从事融资租赁交易的融资租赁公司，按利差缴纳营业税，其实际税负要低于适用增值税时的税负。所以，这种税收制度的

安排，实际上对融资租赁公司有利。

概括而言，2009 年的增值税扩围这一改革措施，实际上能够扩大企业抵扣范围，有利于降低生产企业税负，鼓励投资，促进经济发展，但由于我国流转税体制的分割及融资租赁交易的特性，部分融资租赁交易无法正常地进入增值税抵扣的链条。虽然业内后来采取了一些变通方式，国家税务总局也曾制定了部分变通政策（如 2010 年 13 号公告）解决这一问题，但由于融资租赁依然征收营业税，无法纳入增值税管理链条，并不能从根本上满足融资租赁业务本身便捷、灵活的特性需要。

目前，许多融资租赁公司普遍采用的交易安排是，由出租人向供货商支付货款，但供货商将增值税发票开给承租人，承租人再与出租人通过出售回租的方式，将该设备变为租赁设备。但是，这种做法，不仅增加了交易成本，同时仍然存在着与增值税法所要求的现金与发票相一致的规定的冲突，从而隐含着违反税法的风险。

4. 2012 年上海增值税扩围试点，将融资租赁交易纳入了增值税链条

2012 年在上海试点的增值税扩围，属于第二类扩围，即把动产类的融资租赁业务纳入到了增值税的征收范围，这就使融资租赁业务彻底进入了增值税的管理链条，从而较为彻底地解决了融资租赁交易模式下设备价款中增值税的抵扣问题。

但是，由于上海的试点还有待于在全国范围推广，同时由于增值税税率与金融和融资租赁公司所适用的营业税税率之间的差距，关于融资租赁增值税缴纳的具体规定，还有待完善。

(四) 融资租赁法律及物权法与融资租赁资产登记制度

1. 融资租赁交易的适用法律

目前，调整租赁交易权利义务的法律，依然是 1999 年颁布的《中华人民共和国合同法》(简称《合同法》)（主席令第 15 号）。在《合同法》中，将租赁交易分成了两类，即传统租赁和融资租赁。第 14 章对融资租赁交易中当事人的权利义务做出了初步的规定。而第 13 章则对传统租赁交易中当事人的权利义务做出了相应的规定。

《合同法》第 14 章从司法的角度对融资租赁交易中三方当事人之间的权利义务关系做了规定，对融资租赁合同的定义、合同的订立、合同效力、合同履行、合同解除、租赁期届满租赁物的归属等问题做了规定。《合同法》确认了融资租赁与一般租赁的区别，明确规定，融资租赁合同是出租人根据承租人对出卖人、租赁物的选择，向出卖人购买租赁物，提供给承租人使用，承租人支付

租金的合同，赋予融资租赁合同以独立法律地位。

2.《物权法》与融资租赁资产登记制度和出租人自我救济

中国于2007年颁布并实施《物权法》，在明确物的所有权基础上，进一步设立了用益物权和担保物权。从融资租赁的国际实践来看，物权及其用益物权的规定，为融资租赁交易法律关系的完善，提供了很好的上位法依据。

但令人遗憾的是，《物权法》的实施不仅未能充分发挥促进中国融资租赁业发展的积极作用，还由于中国融资租赁业一些配套制度的缺失，而给融资租赁业带来了负面影响。

首先，关于《物权法》设立的善意第三人取得制度与融资租赁资产登记制度缺失问题的冲突。

在世界各国融资租赁业的实践中，我们已经发现，融资租赁资产登记制度，是保障出租人对租赁物所有权的一项有效制度。尽管在国际金融公司（International Finance Corporation，IFC）的支持下，建立中国融资租赁登记制度的设想已经在业内讨论了10余年，但至今未能实现。

在没有《物权法》的情况下，没有融资租赁资产登记制度，也不会给出租人带来直接的负面影响。但是，在中国于2007年实施《物权法》之后，融资租赁资产登记制度的缺失，使出租人在善意第三人的面前直接面临着丧失有关租赁物的物权风险。

由于中国目前仅存在经法律授权的船舶、航空器、机动车的登记对抗善意第三人制度，而对于其他动产则没有有效的登记制度以对抗第三人。这样，在出租人对租赁物权利的保障上，由于没有融资租赁登记系统，当承租人恶意处置上述三种类型之外的租赁资产，而取得这项资产的第三人能证明自己为善意取得时，则出租人对租赁物的物权就会受到侵害。

为解决这一问题，在外商融资租赁协会的推动下，中国人民银行征信中心在已有的债权征信系统上，拓展建立了融资租赁登记系统。目前，已有许多融资租赁公司，在这个系统上对自己的交易做了登记。但是，由于这一有益的尝试还未得到国家相关政府部门的授权，从而导致这些登记的法律效力未得到应有的确认，因此，也未能得到法院的认可。

其次，在关于租赁物的取回问题上，尽管法律明确规定出租人对租赁物拥有所有权，但是，中国《物权法》没有设立所有权人自我救济权利。这样，也不可能对出租人自力取回租赁物的问题做出明确的规定。同时，由于中国司法程序中也没有规定简易取回程序，当承租人不同意的情况下出租人要取回租赁物必须通过复杂的司法程序，给出租人对租赁物的所有权的行使造成一定的障碍。

3.最高人民法院启动《融资租赁合同司法解释》的制定工作

随着近几年中国融资租赁交易规模的迅速扩大，融资租赁的交易纠纷也有所增加，地方法官在依据《合同法》中第十四章的《融资租赁合同》审理这些交易纠纷时，明显感觉到《融资租赁合同》所存在的缺陷。为此，从 2011 年起，最高人民法院民事审判二厅开始启动《融资租赁合同司法解释》的制定工作。

2013 年 11 月 25 日最高人民法院审议通过了《关于融资租赁合同纠纷案件适用法律问题的解释》(简称《司法解释》)，并于 2014 年 3 月 1 日起正式实施。《司法解释》共分五部分 26 条，主要针对融资租赁经营实践和审判实务中反映突出和争议较多的法律问题作了规定，重点解决了融资租赁合同的认定及效力、合同的履行及租赁物的公示、合同的解除、违约责任以及合同案件的诉讼当事人、诉讼时效等问题。在《司法解释》的制定过程中，最高人民法院主要遵循了以下指导思想：一是促进交易，规范发展；二是尊重市场，鼓励约定；三是细化规则，易于操作；四是尊重现实，适度前瞻；五是立足国情，参照惯例。

第二节　节能环保融资租赁的理念已开始被市场接受

无论是节能环保产业还是融资租赁业，其在我国还都属于新兴产业。不过，鉴于节能环保产业的社会属性和融资租赁业的金融属性，特别是来自市场的推动，对于将二者结合在一起的节能环保融资租赁，已经开始引起我国政府、耗能和污染企业、节能企业及各类投资人的关注。社会各界已经对节能环保融资融资租赁有了一定的认知度。

一　节能环保融资租赁已引起节能服务公司和融资租赁公司的极大关注

在节能环保融资租赁领域，节能服务公司和出租人起着重要的作用。为此，本课题组曾在这两个领域的峰会上，就节能环保融资租赁问题，分别从节能服务公司和融资租赁公司两个角度，对参会者进行了问卷调查。

在 2011 年度中国融资租赁年会上，本次问卷调查的对象是融资租赁行业的从业人员，以公司的中高管为主。调查问卷的主要目的是观察融资租赁行业从业人员对此节能环保融资租赁的相关看法。在这个会上，共发放调查问卷 230 份，回收有效调查问卷 55 份，回收率为约 24%。在 2011 年度中国节能服务产业年度峰会上，调查问卷的对象是节能环保的从业人员。调查的目的是观察节能环保从业人员对节能环保融资租赁的相关看法。在这个会议上，共发放调查问卷 450 份，回收有效调查问卷 31 份，回收率为约 7%。由于节能峰会会议议程的原因，导致调查问卷的回收出现了一些流失，这一回收比例较低。

从总体上看，融资租赁公司对节能环保融资租赁的关注程度，远远地高于节能服务公司。其背后的原因是融资租赁公司出于竞争的需要，在思考将节能环保融资租赁纳入其经营范围的可行性；而对节能服务公司而言，由于我国融资租赁普及程度尚不够高，这些节能服务公司还未充分意识到在节能服务领域采用融资租赁方式的积极作用(本次问卷调查的具体问题及统计分析见附录一)。

本调查问卷的主题是获取受访对象对“节能减排与融资租赁关系”的认知程度，问卷调查的对象分别是参与2011年度中国融资租赁年会的融资租赁行业从业人员和参与中国节能服务产业2011年度峰会的节能环保产业从业人员。本调查问卷的基本框架为受访对象的基本信息，受访对象对节能减排中运用融资租赁的了解程度，已做过融资租赁项目的受访对象在项目进行时所遇到的技术、政策等方面的障碍情况。在进行问题的设计时，针对节能环保融资租赁所涉及的有关问题，分别向融资租赁企业和节能环保企业提问，以期得到双方各自对同一问题的看法。

就受访对象的基本信息而言，我们得到如下统计结果：融资租赁方，接受问卷调查的受访对象以公司的中高管，且从业年限大于5年的为主，即中高管层的占比约为83%，从业年限大于5年的所占比例为62.96%；节能减排方，受访对象中高层所占的比例高达78%，55%的受访对象从业年限大于5年。由此可得出，参与问卷调查的调查对象都是在本公司具有一定决策地位的管理人员，本调查问卷的调查结果具有较高的可靠性。

本次调查问卷的内容，可分为受访对象对节能减排含义及其相关政策的了解程度、节能环保融资租赁适合的领域、节能环保融资租赁的主要风险、节能环保融资租赁可采取的模式和对开展节能环保融资租赁的兴趣五个方面。其主要的统计结论如下。

第一，受访对象对节能减排含义及其相关政策的了解程度。融资租赁方，高达57.41%的受访对象对节能减排的含义和政策只有一般了解，7.41%的受访对象几乎完全不了解；节能环保方，88%的受访对象比较了解和很熟悉节能环保的含义和相关政策。由此，我们可以得知，在节能减排与融资租赁市场中，融资租赁方和节能环保方的信息不是完全对称的，融资租赁公司需加强节能环保知识的学习。

第二，受访对象认为最适合采用融资租赁方式的领域。融资租赁方，在回收的55份有效调查问卷中，其中45份认为工业适合采用融资租赁方式，26份认为基础设施行业适合采用融资租赁方式；节能减排方，在回收的31份有效问卷中，其中16份认为工业适合采用融资租赁方式，10份认为基础设施行业适合采用融资租赁方式。因此，工业和基础设施行业的节能减排投资是受访对象认为最适合采用融资租赁方式的领域。

第三，受访对象开展节能减排融资租赁项目的最大风险。融资租赁方，约61%的受访对象认为节能技术的成熟度成了其开展节能减排融资租赁的最大风险，紧接其次的是客户自身的风险；节能减排方，约45%的受访对象认为节能环保治理技术的成熟度将是公司开展节能减排融资租赁项目的最大风险，约28%的人则认为客户自身的风险才是最大风险。因此，我们可认为节能环保技术的成熟度将是公司开展节能减排融资租赁项目的最大风险。

第四，受访对象对节能减排项目运用融资租赁模式的了解程度。融资租赁方，约65%的受访对象正在关注或学习中。约20%的受访对象所在公司已有成熟的开展节能减排项目的模式；节能减排方，约73%的受访对象正在关注或学习中，仅有约23%的受访对象所在公司已有与融资租赁公司成熟的商业合作模式。由此可知，融资租赁公司开展节能减排项目会有广阔的市场。

第五，受访对象所在公司对开展节能减排融资租赁项目的兴趣。融资租赁方，高达约43%的受访对象所在公司对开展节能减排融资租赁项目有浓厚的兴趣；节能减排方，约76%的受访对象所在公司有浓厚的兴趣运用融资租赁解决节能减排资金来源问题。因此，可推断出未来融资租赁公司开展的节能减排项目将会欣欣向荣。

二 少数节能环保企业开始采用租赁融资

根据课题组对融资租赁公司管理层的访谈和对上市公司公开披露信息的分析发现，无论是上市公司还是非上市公司，都已经有一定数量的企业，包括耗能企业和污染企业，已经意识到融资租赁作为其融资渠道的可行性与必要性，并已开始在本企业的经营过程中，采用租赁融资的方式，来作为企业经营，或者是节能项目与污染治理项目的融资渠道。

鉴于数据的可得性，课题组对属于节能环保板块的上市公司的融资租赁行为进行了初步调查。

由于中国证券监督管理委员会（以下简称证监会）并没有把“低碳”和“环保”独立为两个行业或板块，所以有哪些上市公司应该被归类为“环保”或“低碳”板块，并没有一个权威的标准；在各大财经网站“低碳”“环保”两个板块的样本公司也各有不同。本书所采用的样本公司来源于“新浪财经”和“东方财富网”的分类。入选样本共73家公司，分别是上海证券交易所上市的36家、深圳证券交易所主板上市的27家与创业板上市的10家。

通过对样本的分析，我们发现，在这73家样本公司中，已有16%的公司采取过租赁融资的方式（图3-2）。

通过对比样本公司的资产规模均值进一步发现，采用过租赁融资方式的样

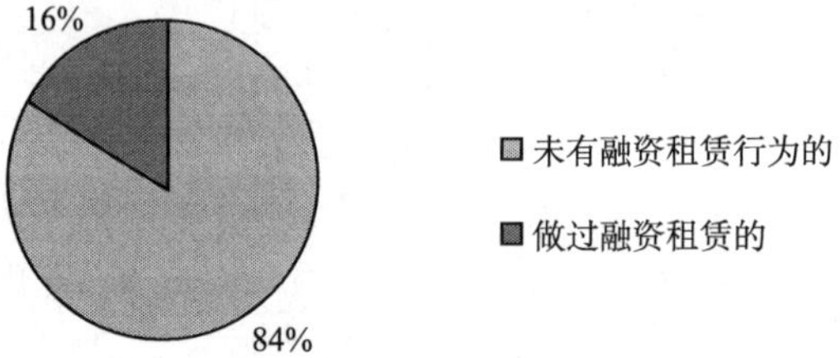

图 3-2　2009～2011 年低碳环保上市公司融资租赁概况

本公司的注册资产均值明显高于总体均值，初步说明，规模越大的低碳环保企业越倾向于采用融资租赁（图 3-3）。

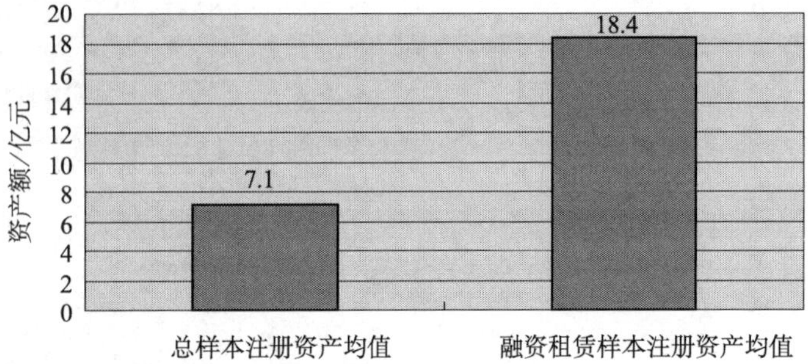

图 3-3　2009～2011 年样本公司注册资产均值对比

由此可以看出，我国低碳环保板块的上市公司并不存在大规模的融资租赁行为。首先，我国融资租赁公司对节能环保融资租赁仍停留在关注的阶段，尚未有众多的融资租赁公司开始介入这一领域；其次，仅从上市公司资产规模来看，在低碳环保板块的上市公司中，规模较大的公司更倾向于做融资租赁。这一状况，其实也与我国金融与融资租赁公司对用户的选择偏好是一致的。

三 我国已有节能环保融资租赁的成功实践

根据课题组对我国融资租赁公司的访谈，我们发现，虽然开展节能环保融资租赁业务的融资租赁公司数量还很少，交易规模也不大，但是凡是已经尝试或进入这一领域的融资租赁公司，其交易结构都具有显著的特征，并取得了成功的实践和良好的业绩。

（一）在世界银行技术援助项目推动下的融世华节能租赁实践

1. 融世华公司从“节能项目支持，合同能源管理”到“节能技术优势，融资租赁立足”的转变

融世华公司全名为“山东融世华租赁有限公司”，是“世界银行/全球环境

基金（GEF）中国节能促进项目”合作伙伴，同时也是中国首批三家示范合同能源管理机制的能源服务公司，拥有商务部、国家税务总局正式批准的全国内资融资租赁业务合法资质，在中国首开“节能融租新模式”。

该公司的发展主要分为两个阶段，第一个阶段可总结为“节能项目支持，合同能源管理”，第二个阶段可总结为“节能技术优势，融资租赁立足”。

在“节能项目支持，合同能源管理”阶段，融世华公司并未引入融资租赁的模式，主要是与世界银行、全球环境基金合作，作为一家合同能源管理公司，参与政府的节能促进项目。“世界银行/全球环境基金中国节能促进项目”，是我国政府与世界银行、全球环境基金两个国际组织在节能、环保领域展开的重大合作，也是我国政府在“九五”期间重点开展的节能项目之一。该项目的目的，是充分利用以上两个国际组织的资金和技术支持，通过成立以市场经济为基础的专业化节能服务公司，引进、示范和推广合同能源管理机制，大力节约能源和减少温室气体排放，培育和促进中国节能产业的发展。该项目于 1996 年启动，一期示范项目 2006 年结束。融世华公司就是在这样的背景下成立的。

1996～2006 年，融世华公司作为“世界银行/全球环境基金中国节能促进项目”的全国首批三家示范单位之一，为 10 余个行业提供高效节能服务，在 86 家企业实施了 106 个节能项目，总投资 5.25 亿元，合同效益额 7.9 亿元。在所有示范公司中，融世华公司项目实施最好，投资规模最大，经济效益最佳，风险控制最有效，得到了世界银行和全球环境基金的高度评价。10 年间，融世华公司实施的节能项目，年节能能力超出世界银行规定指标 28%；年减排能力超出世界银行规定指标 31%。其中，节煤 282.88 万吨，约相当于 3 座百万吨煤矿的年产煤量；节电 20 亿千瓦时，约相当于 1 座 30 万千瓦的中型电厂的年发电量；减排二氧化碳 207 万吨，约相当于 2 万公顷森林一年的吸收量。

在“节能技术优势，融资租赁立足”阶段，随着“世界银行/全球环境基金中国节能促进项目”的结束，融世华公司必须寻找新的出路。作为一家合同能源管理公司，融世华公司面临的困难是节能所需要的技术改造需要投资，要求节能的企业缺乏资金，无法一次性满足投资资金需求。在这种情况下，融世华公司实现了从能源管理这样的技术服务到融资租赁的融资融物服务的转型。同时，融世华公司因为有节能领域的经验，技术优势明显。

自 2007 年以来，融世华公司创造性地把融资租赁引入节能服务产业。以“节能融租”新模式，致力于把节能服务向着更广阔的市场空间推进。凭借稳健的经营，尤其是与国内外金融机构的紧密合作、完善的市场风险控制体系、良好的品牌形象，以备受世界银行赞誉的专家团队，为广大企业、行政、公用事业提供融资、财务、税务、资本管理等方面的全方位解决方案。目前，融世华公司已成为各类大中型服务运营商、品牌设备制造商、高耗能企业、银行等金融机构的良好合作伙伴，成为各类中小节能服务公司的优质融资平台。同时，通过战略投资和业务延伸，培育和辐射邮电、通信、石化、烟草、电力、高科技、信息网络、医疗卫生、交通运输等行业的融资租赁业务，在整合资源、抗击风险、思维创新方面领先一步，最终使融世华公司成为具有高度专业化水平和综合竞争优势的融资租赁公司。目前，融世华公司已成为节能减排领域的行业领军者，也为推动中国节能产业化和节能服务市场化做出了贡献，获得了“中国节能服务产业行业发展特别贡献奖”“中国融资租赁行业十大影响力品牌”“中国节能服务产业知名品牌”等市场认可。

2. 融世华公司开展节能环保融资租赁的主要实践

1）融世华公司节能环保融资租赁的主要市场定位

融世华公司的目标客户可归纳为两大类：一类是高耗能行业和工业企业，选择标准是发展前景良好、信用记录良好、有较多节能机会、重视节能，但资金相对紧缺的企业；另一类是节能潜力大、项目多的单个企事业单位，这种单位可以作为“项目户”。融世华公司可以在为该类企事业单位进行系统的能源管理筹划的基础上，分期分批实施节能项目，使客户在不用投入大量资金和精力的前提下，不仅实现节能降耗，同时实现减少环境污染。具体而言，这两大类客户可以分为以下五小类：

（1）高耗能行业和企业。一般来说，化工、钢铁、建材等高耗能行业由于能耗高，能源成本占生产成本的比重大。这些行业节能的机会多，节能效益显著。

（2）重视节能的行业和企业。重视能源利用效率和能源费用的行业和企业，其决策者通常对节能的重要性、必要性有足够的认识，因此节能的积极性高，节能措施易于实施。

（3）能源利用率低、设备能耗高的行业和企业。国内一些行业的能源利用效率低，设备能耗高，影响到产品的质量、产量和企业的经济效益。到目前为止，国家已经发布了 19 批机电产品淘汰目录，可以选择与之相关的行业进行市场开发。

（4）项目可复制的行业或企业。如锅炉、照明、风机水泵变频调速等项目，可以覆盖许多行业，相应地可以带来较多的节能机会，同时还可以减少相关的费用投入。

（5）预算稳定的机关事业单位，如学校、医院等。

2）融世华公司节能环保融资租赁的产品架构

（1）直接融资租赁。

企业需求：某大型造纸企业，为满足生产用热需求，欲新上一台 130T/H 循环流化床锅炉，同时配套建设 24 000 千瓦背压式汽轮发电机组实现以热定电，热电联产，热负荷自给自足，达到节能降耗、提高经济效益、减排二氧化碳的目的。但因融资困难，无法实施该项目。

融世华公司的解决方案：为客户提供节能设备租赁解决方案。融世华公司负责对项目所涉及的设备进行采购，并将设备租赁给客户使用。客户根据节能效益向融世华公司支付租金。租赁期满，融世华公司把设备所有权转移给客户。该方案满足了客户的节能需求，使客户在无风险投入的情况下获得了节能技术服务，赢得了可观的经济效益和社会效益。

（2）售后回租。

企业需求：A公司为一家制造类企业，正在筹备上市中，为进行技术改造，提高能效，需更新一条生产流水线，但资金短缺，难以一次性支付所需价款，且为迎合上市需求，财务报表需改善。B公司为一家大型设备生产商，和A公司有长期的合作，能够提供A公司所需要的生产线，且其很多客户因经济危机的影响都有A公司这样的资金困扰，但分期付款的运作方式又增大了B公司的风险，导致B公司的设备销售受到很大的影响，技术改造计划难以实现。

融世华公司的解决方案：可为A公司提供节能设备表外融资解决方案、售后回租解决方案，解决技术改造中存在的资金短缺问题，且不影响其负债比率，优化财务报表，做好上市辅导。可为B公司提供节能设备促销解决方案、售后回租解决方案，化解分期付款销售和税务处理的风险，扩大销售规模，同时，进行资本管理，推动该公司的持续发展。

（二）丰汇租赁有限公司在“水气声垃”等环保领域开展的融资租赁业务

丰汇租赁有限公司引入环保设备供应商作为投资者，在“水气声垃”等环保领域开展融资租赁业务。

1. 丰汇租赁有限公司与环保设备厂商的合作

丰汇租赁有限公司是经商务部批准的第六批融资租赁试点企业，属于独立第三方出租人一类，主要从事数控机床、医疗设备、工程机械、能源电信基础设施等方面的融资租赁业务。2012年，丰汇租赁有限公司引进安徽盛运机械股份有限公司作为股东，安徽盛运持股45%，成为第二大股东，对丰汇租赁有限公司的经营管理有重大影响。

安徽盛运机械股份有限公司主营业务为城市生活、医疗垃圾焚烧尾气净化处理设备，以及干法脱硫除尘一体化设备和各种系列输送机械产品。该公司的新型环保产品——干法脱硫除尘一体化设备及垃圾焚烧尾气净化处理设备系统装置和新型输送机械产品，荣获省级和国家级科技进步奖二等奖、环保部科学技术奖二等奖。该公司在城市垃圾焚烧发电工程、市政环保工程等行业中享有盛誉，同时也是“全国重点环保产品定点生产企业”。

丰汇租赁有限公司的控股股东为盟科投资控股有限公司，该公司为投资公司，并非经营实业，在安徽盛运加入丰汇租赁有限公司后，实际上，丰汇租赁有限公司将向着安徽盛运的“环保设备厂商租赁公司”方向发展。安徽盛运通过融资租赁公司可以扩大环保设备的销路，同时丰汇租赁有限公司在开展环保设备融资租赁业务时，有安徽盛运提供的技术优势、价格优势、客户优势，在环保设备租赁市场有了强有力的竞争力。

2. 丰汇租赁有限公司目前在“水气声垃”环保领域开展的融资租赁业务

丰汇租赁有限公司为垃圾焚烧发电公司和污水处理公司都办理过设备的融资租赁，分别采用的是直接融资租赁和售后回租的模式进行操作，操作的业务规模约为3亿元。丰汇租赁有限公司认为“水气声垃”——工业废水、城市污水等水污染治理，除尘、脱硫、脱硝等大气污染治理，噪声处理，固体废弃物处理四个方面中很多领域都适合做融资租赁，如脱硫除尘、垃圾回收利用、电能节约及热能节约等领域。

就环保领域的融资租赁，丰汇租赁有限公司大多采用了直接融资租赁的方式，以更好地发挥协同效应。直接融资租赁涉及的交易方为三方，即供应商、承租人和租赁公司，供应商为了促进销售，会通过设备而给出租人提供更大程度的保障，在付款时间和方式上也会提供更大便利。在一个行业的发展初期，有较大的市场空间可以发挥的时候，做直接融资租赁更为适宜，这样不仅完成了融资的功能，更完成了融物使命。

（三）朝阳区政府大楼“三零”节能租赁项目

1. 环保节能——示范先行

2009年10月，北京市朝阳区政府（以下简称“朝阳区政府”）同西门子（中国）有限公司建立战略合作伙伴关系，约定在朝阳区“进一步推进公共建筑及其他相关产业中的节能减排工作”。朝阳区政府办公大楼的节能改造被定为首个示范工程，由西门子楼宇科技集团为项目提供包含能源审计、工程技术和设备维护等服务的全程解决方案，进行提高大楼能源使用效率的项目试点。

改造工程自2009年10月启动，建设期持续半年，优化升级锅炉、制冷系统等旧设备，安装分时分区空调节能控制系统，以实现每年降低至少12%能耗的预期目标，并延长设备使用寿命。项目设施由隶属于西门子金融服务集团的西门子财务租赁有限公司出资购买，于2010年正式投入使用。在项目开工后的五年半内，朝阳区政府向西门子财务租赁有限公司租赁项目设备，以降低能耗和提高运行效率所节约的成本和费用支付租金。租赁期结束时，朝阳区政府无偿获得设备所有权。[①]

2. 融资租赁破解资金难题

1）严标准推进投资

因工业化、城市化迅速发展，能源短缺和生态问题日益严峻。为建设资源节约型、环境友好型社会，解决资源与环境问题，节能环保工作迫在眉睫，相关的产业投资迅速增加。

在 2006 年 3 月十届全国人大四次会议上通过的《中华人民共和国国民经济和社会发展第十一个五年规划纲要》[②]（简称“十一五”规划）中提出，到 2010 年单位 GDP 能耗比 2005 年下降 20%左右的约束性指标。同年 8 月，国务院办公厅发布《国务院关于加强节能工作的决定》（国发［2006］28 号），将节能工作列入各级政府重要议事日程，指出要“大力发展节能省地型建筑，推动既有建筑的节能改造”，要求“推动政府机构节能，重点抓好政府机构建筑物和采暖、空调、照明系统节能改造以及办公设备节能”。

“十一五”规划发布后，北京启动公共建筑的节能改造工作。作为首个试点改造区，朝阳区确定了“到 2010 年，全区万元 GDP 能耗由 0.92 下降到 0.72，比‘十五’末降低 20.82%；年均万元 GDP 能耗下降 4.56%”的目标，计划“对于政府投资新建的基本建设项目，全面实行节能设计标准”，并要求“实施政府机关节能改造示范工程。全区各级机关现有办公场所未达到节能要求的，要加快进行节能改造”［《朝阳区“十一五”期间加强节能工作实施方案》（朝政发［2007］9 号）］。

节能指标以政府承诺的形式提出并付诸政策与实践，强化了市场对节能设备和服务需求。无论是企业单位，还是非营利机构，在时间和节能量的硬约束下，均需参与到节能环保工作中，相应的资金投入也必不可少。

经济不停进步，城市建筑也迅猛发展，不可避免地消耗着环境资源，这也是环境污染的主要源头。根据住建部的信息，建筑的能耗（含建造能耗、生活能耗、采暖空调等）约占社会总能耗的 30%[③]。对城市建筑能耗与污染的管理和控制，逐渐成为环保节能投资的重点。作为城市建筑的排头兵，现代办公楼宇的改造和升级，是重中之重。

“十一五”期间，朝阳区着手进行奥运工程建设和赛后的场馆改造利用。产

---

① 北京朝阳区在全国建立中国节能减排及设备租赁的绿色典范 . http：//finance. siemens. com/financialservices/cn/cn/References/Chaoyang _ District/Pages/Default. aspx［2012 -02 -07］.

② 中华人民共和国国民经济和社会发展第十一个五年规划纲要（全文），http：//news. xinhuanet. com/misc/2006 - 03/16/content _ 4309517. htm［2012 - 02 - 23］.

③ 中华人民共和国住房和城乡建设部 . 中德技术合作“中国既有建筑节能改造项目”. http：// www. mohurd. gov. cn/zxydt/2 01110/t20111012 _ 206559. html［2012 - 06 - 29］.

业布局优化和更多大型跨国企业入驻CBD，相关核心项目和道路建设有序进行。电子城功能区北扩和一体化建设稳步推进。三大功能区带动全区发展的战略逐步落实。建筑材料、采暖和空调的能耗，建筑垃圾造成的环境污染，给飞速发展的朝阳区提出了严峻的挑战。能否应用智能化科技将楼宇建设投资、能源消耗与管理费用同时降到最低，对节能环保在全区、全市范围内的推广，具有表率意义。

2）高投入促生融资需求

根据项目规划，改造后的朝阳区人民政府办公楼需随内外环境变化做出灵活反应，以维持日常使用低能耗，同时保证合格的室内空气质量和健康的工作环境。为达到预期的改造目标，需采用严谨的设计与环境友好型设备，依据统一的设计理念，将各个模块有机结合。因此，覆盖全程的建设方案内含高效的节能装置和先进的核心技术，是楼宇改造项目的优选，也需要大量的资金投入才能实现。

朝阳区政府为项目支付的总投资约400万元，而其在《北京市朝阳区节能发展专项资金管理办法》（简称《节能发展专项资金管理办法》）的安排中每年提供的节能资金规模仅3000万元，支持对象共八个大类，包括区属所有行政机关、事业单位，以及在朝阳区工商管理部门登记注册、纳税，具有独立法人资格的单位和企业，以“贷款贴息”“财政补助”“直接奖励”三种方式进行财政资助。

对比于朝阳区实际计划新建和改建建筑所需的资金量，节能专项资金的拨备因受到财政预算约束而规模有限。根据《节能发展专项资金管理办法》，申报、审批至实际拨款从每年10月到次年4月，为期约半年。对于急需启动资金投入建设的项目而言，即使技术上符合申请专项资金的严格标准，短时间内也难以通过政府拨款迅速解决投资难题，更不能完全依靠小额的政府资金负担项目的全部投资。

若将区财政预算资金用于一次性全额支付政府大楼的项目投入，在增加朝阳区政府资金压力的同时，更削弱了政府支出的杠杆作用、示范效应和引导功能。要在维持正常营运的底线上完成节能环保的硬指标，必须在自有资金和财政支持之外，寻求高效便捷的融资途径，弥补传统预算的不足，以有限的资金完成高标准的节能环保任务。

3）弱保障阻碍供需对接

设备技术供应商能否顺利完成销售目标取得营业收入，首先取决于其产品和服务能否完成预定的节能环保任务。项目推进一旦受阻，将即刻给投资方带来资金压力。从长期来看，项目绩效是否按计划实现，决定投资成败。

与普通建设项目相比，运用先进技术的节能环保项目，天然蕴含高风险。

项目前期，虽有第三方专业机构或专家进行审慎细致的科学评估，即“能源审计”，但不能消除技术上的不确定因素对未来现金流的潜在影响。债权人在项目实施过程中，除了承担债务融资固有的交易风险，还需时时保持对技术风险的关注。无论是设备使用者，还是金融机构，在缺乏足量专业技术背景的情形下，都不得不耗费大量资源，监管项目运营。

通过传统的债务融资，设备投资者可避免一次性支出带来的现金流压力，同时也必须为技术风险提供担保。对于非营利机构，其初始和积累资本有限，可用于担保或抵押的固定资产无法满足匹配于项目投入的担保能力。对朝阳区政府来说，其资产属于国有性质，不可用于担保。若引入第三方机构提供全额担保，则会产生高额担保费，增加额外的融资成本。即使是由企业作为投资者的项目，在推高其平均资本成本的同时，新增贷款还将占用原有信用额度，影响其项目期内甚至后续的盈利和生产性投资。

投资者自身担保能力低，市场缺乏经济、有效的第三方担保，金融机构自身对新兴技术信任不足，三方因素共同造成了节能环保项目高风险、低保障的困境。传统融资难以跨越的资金供需障碍，亟待由创新的金融工具解决。朝阳区政府办公大楼改造项目也遇到了同样的挑战。

4）巧结构化解风险敞口

由西门子财务租赁有限公司提供的资金解决方案，在众多融资方案中脱颖而出，得益于其对融资租赁这一金融产品的巧妙应用。

示范项目采用融资租赁典型的“供应商—出租人—承租人”三方交易结构。根据协议，由西门子楼宇科技集团（供应商）为朝阳区政府提供包含设计、施工建设、设备安装调试和后期维护在内的全套节能环保技术解决方案；由西门子财务租赁有限公司（出租人）出资购买项目设备；朝阳区政府（承租人）向西门子财务租赁有限公司租赁节能设备，以其节能所得按照租赁合同的安排分期向出租人支付租金（图 3-4）。

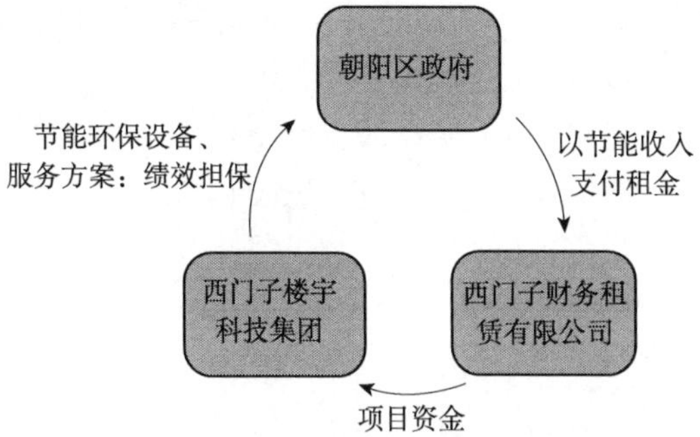

图 3-4　朝阳区政府大楼节能改造资金解决方案示意图

按照上述安排，供应商收取出租人全额支付的设备款，顺利实现销售业绩。承租人则以极低的期初投入获得设备的使用权，同时避免一次性支付大额投资的压力。而这看似简单的三方结构，却并不仅仅发挥这简单的作用。

基于在“能源审计”阶段科学测量的结论，朝阳区政府使用改造后的办公楼每年至少可以节省12%的能耗支出，这一结果通过第三方专业机构严格检验获得认证。与此同时，西门子楼宇科技集团，在提供设备和服务的同时，对项目的节能收益做出了绩效担保：在租赁期结束后，独立审计机构将出具节能绩效测评意见，若项目实际节能量低于担保的绩效，西门子楼宇科技集团须补偿其间差额。

供应商负责担保项目节能效益的安排，不仅弥补了项目在抵押担保方面的欠缺，还对其提供设备与服务的质量形成有力的约束，即其在完成销售和回款后，仍然承担租赁期间的技术风险，促使其在建设期结束后，仍积极地为客户提供后期设备维护和技术支持。

根据安排，在租赁期内，朝阳区政府偿付的租金全部来自节能所获得的收益，即大楼设备在更新换代后的使用过程中所减少的日常开支。由于供应商的绩效担保支付实际只在项目期末进行，项目期间内的还款义务，仍须由朝阳区政府完全承担。因此，作为设备的实际使用者，朝阳区政府也必须尽全力保证最基本的节能效益。

在项目前期考察过程中，西门子财务租赁有限公司拥有可靠的技术评估结论，据此设定的租赁期限与还款金额与预估的节能收益相吻合，经由绩效担保对供应商和承租人形成的双重约束，合理有效地保障了各方基本预期的实现。出租人在回收租金过程中面临的敞口风险得以成功化解。

5）超预期达成三赢共享

西门子财务租赁有限公司在进行节能环保项目融资安排的过程中，充分考虑客户与项目的特质，约定朝阳区政府在租赁期内须将节能收益以租金的形式支付给西门子财务租赁有限公司。理论上，拥有供应商绩效担保的朝阳区政府，只需按计划正常使用新设备即可。

但协议中还指出，高出约定租金的节能所得将由承租人自行留存。这一附加安排给予用能客户采取措施创造更高绩效的动力，而非满足于基本的目标。项目实施期间，朝阳区政府按照《关于开展创建资源节约型机关活动的通知》（朝政办发［2006］29号）的要求，继续实行包括“人走灯灭”“杜绝‘白昼灯’‘长明灯’和办公室电器长通电现象”等在内的节电措施，保证了项目过程中的高节能绩效。

随着能源价格的提高，节能收益也将日益增加。客户提高绩效的主观动力与能源价格上涨的客观趋势共同作用，为承租人带去超额收益，更为出租人按时足量的租金回收增添一道安全保障。

经过升级改造后的设备不仅在性能上得到改善，租赁期结束后仍具有节能降耗的功能，使用寿命也获得延长。按照协议规定，租赁期结束后，朝阳区政府将获得设备所有权，从此享有节能降耗的全部收益。因此，是否在租赁期内正确有效地使用升级后的楼内设施，不仅决定其租赁期内的资金能否顺利偿还，也关乎设备所有权转移后效益的延续。

项目运营的最终结果显示，大楼实际的节能效果显著高于预期，区政府不仅在租赁期内获得额外的收入，在偿付了所有租金之后，还获得了持久的能耗和资金节省。

超预期的项目业绩，帮助朝阳区政府完成了高标准的节能任务，避免了供应商因未达绩效而必须支付的担保赔偿，更保证了出租人的租金回收，形成了典型的客户、厂商和出租人“三赢”的局面。

3. 产品创新——任重道远

《“十二五”节能环保产业发展规划》[1] 指出，“十一五”以来，我国节能环保 2010 年产业总产值达 2 万亿元，市场已粗具规模。然而，植根于技术风险的“企业融资困难”却不可忽视。以节能降耗的收益支付租金，是朝阳区政府大楼改造项目顺利融资的关键，也是处理技术风险的起点。

凭借厂商租赁的独特优势，西门子财务租赁有限公司以其长期积累的设备融资经验，通过专业渠道，对项目的绩效做出科学合理的预期，为客户量身定制匹配于设备实际产出的租赁期限与支付计划。这一安排为同类设备融资的前期评估提供了良好的借鉴，即准确把握每项设备的收益来源，进行严格的能源审计，是合理设计融资方案的基本前提。

技术风险始终是节能环保项目不可消除的核心风险，但前期预估绝不等同于最终结果。于是，绩效担保成为资金安全回收的第二道保障，促使供应商主动对项目进行全程跟踪，提供及时、高效的售后服务。

值得注意的是，供应商自身的经营与财务状况，是决定担保效率的基础。企业自身的资金实力，依赖于其产品和服务的质量。但环保节能行业尚年轻，市场上的供应商多为中小企业或处于初创阶段，规模小且经营时间不长，短期内未能厚积资本，没有提供完备担保的实力。尽管不断有鼓励节能环保企业发行股票和债券向资本市场募资的规划与政策出台，但实际的成功案例仍凤毛麟角。以我国 A 股市场为例，2010 年以来，有 10 家环保类公司在创业板、1 家在中小企业板上市，但整个 A 股市场的环保类企业仍然仅有 19 家（含 * ST 大

---

① 国务院办公厅．国务院关于印发“十二五”节能环保产业发展规划的通知（国发［2012］19 号）．http：//www.gov.cn/zwgk/2012-06/29/content_2172913.htm［2012-06-25］．

地），其中有经营水处理业务的 9 家，经营垃圾和废弃物处理业务或相关设备制造的 5 家，企业涉及烟气排放管理或余能余热回收利用的 4 家，主营环保绿化的 2 家，专营清洁能源开发的 2 家，虽结构多样，但数量极少。在供应商自身不足以提供担保的情况下，第三方机构仍旧是不可或缺的担保来源，这也是普通设备的融资租赁经常采用的保证方式。

与普通的全额担保不同，绩效担保采用差额补足的方式，担保方在设备运营的支撑下承担相对局限的责任。租赁期内的租金偿还仍由设备用户承担，其行为也受到严格约束。即使由第三方机构为项目进行全额绩效担保，其承担的技术风险也小于普通担保，相应的担保费率也应低于普通担保的费率。对于有一定担保能力的供应商，若与第三方机构共同承担担保责任，既可以解决担保不足的问题，因担保而增加的融资费用也不会造成投资成本的过量增加。

将典型的融资租赁交易结构与供应商绩效担保相结合，三方共担项目风险，工程建设顺利开展，设备使用稳定高效，投资回收安全及时，才有了朝阳区政府办公大楼改造项目的成功。这不仅为融资租赁在建筑环保领域的应用树立了标杆，更体现出金融产品创新的深远意义。伴随产业规模扩大，类似的项目将更频繁地出现。只有不断地深入理解客户需求和项目的技术特质，灵活安排交易结构，才能做到真正的产融结合，促进环保节能产业长期进步。

第三节　在我国推广节能环保融资租赁的现实意义

一　可成为我国节能环保产业创新的融资渠道

融资租赁的核心特征是以设备为基础的中长期融资。从国际实践来看，发达国家，如日本、美国、德国等，在发展节能环保事业的过程中，都将融资租赁作为其重要的融资渠道而予以政策支持。

今天，我国节能环保产业发展，同样面临着巨大的筹资压力。节能环保事业的发展，需要大量新技术、设备和服务的投入。而在制约节能环保产业发展的技术、设备和服务三大因素中，耗能或污染企业，如何得到其所需要的提高能源使用效率或减少污染排放的设备，成为关键因素。毋庸置疑，这就需要全社会大量的资金支持和投入。可以说，我国当前节能环保产业融资渠道单一是造成我国节能环保企业融资困难，节能环保产业难以形成规模的主要原因之一。融资渠道的创新和扩展无疑是节能环保产业得以较好发展的重要因素之一。

从我国融资租赁过去 30 年的实践看，融资租赁业曾在我国工业制造企业中，作为引进外资的重要渠道，而筹集了大量的外汇资金，为我国地方国有企业、民营经济，这些当时外汇需求无法从国家主渠道中得到满足的企业，通过进口融资租赁，引进国内企业急需的外汇设备，推动了这些企业的技术进步、产品的升级换代。

从上述关于融资租赁特征和节能环保资金需求特征的分析中我们看到，节能环保融资租赁就是在节能环保投资中，以所需节能环保设备为租赁资产的一种融资租赁交易安排。对于我国节能环保产业而言，这是一种理论上可行、实践上可操作的融资方式，可以较好地满足耗能企业和节能企业、污染企业和污染治理企业，以及政府监督部门的要求，应该成为我国节能环保业发展中一条重要的融资渠道。

二　引进融资租赁有利于改善节能环保产业中的资源分配机制

经济管理的核心是运用市场机制合理配置资源，促进社会和谐可持续发展。作为新兴的节能环保产业，因其发展时间短、实际运行中所涉及的部门又较多，在近 10 余年的发展过程中，出现了诸多资源配置不当的现象。如果在我国节能环保产业发展过程中，引入融资租赁平台，就可以有效地提高我国节能环保产业中资源配置的效率。

1. 可解决节能环保治理中投资主体倒置或定位不当的问题

首先，我国节能环保治理中投资主体的倒置，主要表现在耗能或污染企业在进行节能环保投资时如何处理企业主业和节能环保投资关系的问题上。

对于每一个耗能和污染企业而言，其都有主营的生产经营活动，保证其主营业务的资金需求，必然是每个企业首要的筹资安排。因此，企业在节能环保设备上的投入，相对于其自身的生产经营而言，往往是给企业增加很多“不必要”的成本。所以，企业对这部分投资的积极性必然是较低的。特别是对于污染企业而言，与耗能企业实施节能措施尚可产生节约能耗支出效果不同，其实施的污染治理措施，往往只是为了根据政府的强制要求而履行社会责任，对于污染企业本身而言，其治理污染的过程，只有资金投入，而无企业自身的效益提高。

所以，让耗能企业和污染企业成为节能和污染治理的投资主体，实际是在节能环保产业上的投资主体倒置。通过融资租赁，可以在耗能与节能主体之间，污染与污染治理主体之间，引入新的投资人，配合节能服务商或环保运营商，解决节能或污染治理设备所需投资资金来源问题，可有效地解决节能环保产业中投资主体倒置的问题。

其次，在我国节能领域所借鉴的合同能源管理机制下，我国的节能服务公司存在着定位不当的问题。在西方国家，节能服务公司的主要作用是发挥其提高能效的专业技能，提供节能技术和服务；而在我国现行的节能服务领域，节能服务公司同时充当着设计节能技术、提供节能技术所需设备和运营或管理设备三重角色。由此而产生的问题是，节能服务公司与耗能企业之间到底是服务关系还是投资关系？由于这一关系的不明朗，节能设备到底是归耗能企业所有还是应该归节能服务公司？设备归属的不明确，进一步产生了到底应该由耗能企业还是应该由节能服务公司在会计上确认节能设备资产的问题。

在这三方面的问题中，第一方面的问题是根本。如果节能设备很明确地是由节能服务公司来投资，虽然不会产生上述设备归属不清和会计确认主体不明的问题，但却存在着节能服务公司的资金制约和耗能企业股权结构的问题。对于节能服务公司而言，因其多是以节能技术起家的中小型企业，资金实力十分有限。由其自己负担节能设备的投资资金，开始时的几单投资可依靠其自身的资金或融资能力来解决。但一旦规模做大，则必然受到资金的制约。进一步而言，节能服务公司提供给耗能企业的节能设备，其交易性质，究竟是设备投资还是节能技术服务？如果是设备投资，对于耗能企业而言，实际是改变了其股权结构，这对任何一个企业而言，都是一个重大的决策，一般情况下，很难接受。而如果是节能技术服务，那么节能设备在服务期结束后，又应如何处理？

由此不难看出，上述所有问题的出现，其根源是我国现行节能服务公司在其节能技术服务的运行与管理模式中，存在着定位不当的问题。作为节能服务公司，其定位本应十分简单清晰，即节能服务公司就是节能技术服务商。而我国节能服务公司现行的模式，使其同时承担着服务、投资、管理等多重角色。节能服务公司的这种做法，不仅使自身承担了额外的负担，而且还扰乱了合同能源管理机制下各个主体之间本应有的关系，从而降低了合同能源管理机制的效果。

通过运用融资租赁机制，不仅可以解决节能服务公司提供节能设备的资金来源问题，还可有效解决我国现阶段中关于合同能源管理政策中交易性质不清、资产归属不明、交易性质重叠等多方面的问题，从而完善合同能源管理机制。

融资租赁作为一种平台模式，较好地处理了企业股权与经营管理权的分离、财产所有权与使用权的分离等问题，使耗能与节能主体之间能够较为容易地引入其他投资人，配合节能服务商或环保运营商开展节能环保业务，并较好地实现多方利益共赢。

在合同能源管理机制下引进融资租赁交易平台，运用融资租赁对接银行信贷与节能服务公司，就可以较好地实现三方共赢（模式设计可详见本书第六章）。在这一模式下，节能租赁与节能服务公司 对接，有效解决了我国节能服务公司运行中所涉及的交易性质、资产归属、会计确认等方面的问题，有效解决了节能服务公司无法与银行信贷资金对接的问题，节能服务公司得以融资，银行能够放贷，融资租赁公司能够获得资金融通。同时，这也较好地解决了“节能企业不愿投，节能服务公司无力投，设备制造商地头死，环保治理政府无力投”的被动局面。

2. 提高环境治理中的公共政策效应

专业的节能服务公司运作与融资租赁模式的结合是节能环保融资租赁的关键环节，而融资租赁的存在和发展有四大支柱，即法律、监管、会计和税收，特别是对于监管和税收具有较强的敏感性。正是基于此，政府对节能环保的支持也完全可以通过这一渠道加以传导。由于融资租赁这一融资方式必须以物作为载体，这就使得通过对融资租赁业的支持，能够更为有效地将融资用于节能环保设备的投入。对于投资于节能环保设备的政策，都可以通过财税政策的倾斜、监管尺度的把握等直接作用于融资租赁这一行业，从而支持节能环保产业的发展。

3. 动员民间资本进入节能环保投融资体系

在 2011 年的政府工作报告中，温家宝总理提出要“真正破除各种有形和无形的壁垒，鼓励和引导民间资本进入基础产业和基础设施、市政公用事业、社会事业、金融服务等领域，推动民营企业加强自主创新和转型升级，鼓励和引导民间资本重组联合和参与国有企业改革，加强对民间投资的服务、指导和规范管理”。然而，当前民间资本的投资渠道较为单一，基本无法通过正规渠道进入资本市场和一些垄断领域，而融资租赁公司作为非金融机构，资金进入相对较为容易，这就为民间资本进入节能环保等基础产业和市政公用事业提供了方便之门。通过有引导的政策支持，既可以有利于解决节能环保资金匮乏的局面，又可以使民间资本有序进入国家支持的资本融通领域，无疑是一举多得的好事。

三 发挥专业化租赁公司的人才与技术优势，实现金融与技术的对接

专业化的融资租赁，通常以所经营的设备为主要类型，如比较熟悉的 IT 租赁公司、飞机租赁公司。而像美国专门的太阳能租赁公司就是节能环保新能源类的融资租赁公司，其能够在太阳能设备租赁方面提供专业的技术和金融服务。这种专业化的融资租赁公司，一般都拥有该领域发展的专家和技术人员，能够较好地分析行业的发展前景，也能够较好地判别新旧设备的价值，充分利用这些专家对节能环保设备和技术的熟悉优势，并与其内部的金融专家相结合，不但能够很好地控制风险，处理残值，为公司健康发展提供支持，更重要的是

金融与技术的结合，推动了整个行业的健康有序发展。

第四节　我国节能环保融资租赁发展的主要障碍

一 社会对节能环保融资租赁的认知程度较低

由于社会背景的差异，中国人较为看重物品的所有权，对预期消费存在较大的排斥心理，这就必然造成对分期付款、租赁等业务的排斥，随着改革开放的推进，国人对分期付款等业务有了一定的认知，并逐步接受，但通过租买、融资租赁等方式获取资产的方式依然不被广泛接受。这不但造成融资租赁业务需求的缺乏，而且也造成整体社会环境对于融资租赁业务的排斥。例如，政策制定者在制定相关政策时，往往未考虑融资租赁方式，相应的优惠政策也必然不会涉及融资租赁业；政府部门在采购固定资产时一般不会考虑融资租赁方式；企业在进行项目投资时也不经常考虑融资租赁方式的配套。而对于节能环保产业来讲，同样也是如此，这就必然严重阻碍节能环保融资租赁的健康发展。

二 缺乏专业化程度高的融资租赁公司

在我国已有的三类融资租赁公司中，银行系金融租赁公司资金规模雄厚，但往往由于缺乏节能环保设备方面的专业处置能力，而更重视资金的融通，把租赁业务做成了类贷款，忽视了或没有能力实现对租赁设备的选型、安装、保险及资产再处置；厂商类租赁公司一般对设备的处置能力较强，但往往资金规模较小，面对的供应商单一，服务能力较弱，对节能环保支持的能力非常有限；独立第三方融资租赁公司，数量最多，也最适宜进行专业化运营。目前虽有极少数这类公司专注于节能环保租赁，但远未形成规模效应。

三 节能环保融资租赁人才匮乏

由于融资租赁在我国发展时间较短，本身又是一门综合性很强的边缘性应用科学，涉及金融、投资、贸易、科技、管理、财务及法律等多方面的专业知识，所以其对业务人员和管理人员的专业素质要求很高；而节能环保产业也需要较为专业的人才队伍。这就必然造成节能环保融资租赁人才的奇缺，成为制约节能环保融资租赁发展的一块绊脚石。

四 节能环保融资租赁的市场服务体系较弱

融资租赁业的发展需要完善的市场服务体系，包括健全的法律体系，成熟的二手设备市场，较好的征信服务体系和担保服务体系，以及畅通的资产再融资体系等，但就目前而言，这一服务体系的建立健全还有待时日，这也在很大程度上制约了节能环保融资租赁的快速发展。

第四章 节能环保融资租赁的国际实践

第一节 节能环保融资租赁国际发展概述

一 在发达经济体，融资租赁广泛应用于节能环保领域

在欧洲、美国、日本等发达经济体，融资租赁在节能环保领域得到了广泛应用。融资租赁已成为节能环保领域的重要融资工具，极大地推动了节能环保事业的发展，取得了良好的经济效益和社会效益。

在这些发达经济体，融资租赁公司参与节能环保事业的市场分工非常发达，市场中存在大量单一类别的融资租赁公司，专门从事特定细分领域的融资租赁业务，如有的公司专门从事风力发电相关的融资租赁，有的公司专门从事风力发电中特定类型涡轮机的融资租赁，有的公司则专门从事钢铁厂污水治理相关的租赁业务。可见，融资租赁在节能环保领域的应用已达到较高的发展阶段，高度专业化。

二 国际实践中，融资租赁应用于节能环保领域的特点和形式

1. 融资租赁与多种节能环保机制或模式结合

在节能环保融资租赁的国际实践中，一方面，耗能者和排污者直接通过融资租赁的形式参与到节能环保中，这种情况下，承租人一般是耗能者和排污者本身；另一方面，融资租赁与节能环保领域的多种机制或模式成功结合在一起，更好地发挥了为节能环保融资的作用。这些机制或模式一般包括：合同能源管理模式、合同环境管理模式、清洁发展机制、可再生能源比例标准机制、所得税激励、上网电价补贴机制等。

合同能源管理模式在前面已有介绍，在此不再赘述。合同环境管理模式与合同能源管理模式虽在称谓上有相似之处，但实质上有很大差异。合同环境服务公司专门提供环境治理服务，用户获得了既定的环境治理效果，才付费给治理企业即合同环境服务公司。从法律关系上看，合同能源管理公司和合同环境服务公司都属于节能环保职责的代理人，即外包方；但是合同能源管理公司的

收益来源于节能行为本身，同时耗能者在这个模式下也可以分享收益；合同环境服务公司的收益则基本来源于耗能者或者政府的支付；在某些情况下，治理过的污染物排放还可实现经济效益，如将治理过的工业排放粉尘制成建筑材料，则合同环境管理模式就与合同能源管理模式有异曲同工之妙了。在合同能源管理模式和合同环境管理模式下，承租人可能是耗能者和排污者，也可能是合同能源管理公司或合同环境服务公司。

清洁发展机制在第一章中有简要介绍，具体到与融资租赁在节能环保领域的结合，主要是指清洁发展机制实现的排放权出售收益作为融资租赁租金的保障和来源，融资租赁作为减排项目的融资渠道。在清洁发展机制框架下实施节能减排获取可出售排放权的项目主要位于发展中国家，发达经济体中融资租赁与清洁发展机制结合的实践较少，融资租赁与清洁发展机制的结合主要在印度、东南亚等地。

可再生能源比例标准机制、所得税激励、上网电价补贴机制对可再生能源节能减排领域融资租赁起到了很大的推动作用。特别是可再生能源比例标准机制和所得税激励对于促进美国节能减排领域融资租赁的发展起了很大的作用。本书将在本章第三节“美国：可再生能源节能减排融资租赁与政府促进政策”中详细介绍。

2. 融资租赁出租人

节能环保领域融资租赁的国际实践中，出租人大致可分为以下四类。

（1）金融机构类。这类融资租赁出租人一般植根于大的金融集团。多以金融服务公司的形式出现，有的则直接以银行下设部门的形式出现，该类出租人的大股东一般是大型商业银行或金融集团，如 RBS 资产融资公司（RBS Asset Finance，Inc.）、太阳信托设备融资与租赁公司（Sun Trust Equipment Finance & Leasing Corp.）、美国银行租赁公司（Bank of America Leasing）、美国国际集团商业资产融资（AIG Commercial Asset Finance）。这类出租人资金雄厚，业务领域广泛，资金成本低，在参与节能环保中更多起着融“资”的角色。因这类出租人在节能环保方面的技术优势较为薄弱，一般参与节能环保领域较为成熟的项目，融资规模较大，重视与第三方如合同能源管理公司等专业服务机构的合作。

（2）厂商类。这类融资租赁出租人的母公司一般是生产节能环保设备的。设备厂商成立融资租赁公司，作为设备销售的重要渠道，如通用电气商务金融（GE Commercial Finance）、日立资本美国公司（Hitachi Capital America Corp.）、东京金融服务公司（Toyota Financial Services）。这类出租人有明显的技术优势，往往可以为承租人提供整套的节能环保解决方案，包括设计、安装、监测、评估、维护等，不仅仅停留在提供单项设备租赁的阶段。同时，这类出租人从关联公司直接购置设备，一方面享受价格优惠，有成本优势；另一方面，对于设备的检修、维护、余值处理等，都有其他类型的出租人难以比拟的优势。

(3) 提供专业服务的独立出租人。这类融资租赁出租人并非厂商，但是具备节能环保特定领域的专业知识和经验，可为承租人选择设备等提供建议，有的甚至也可以提供整套节能环保解决方案。一般来说，这类出租人规模不大，数量较多，每一家出租人专注于节能环保的某一或某几个细分领域，如世界银行金融部（WB Financial)、可再生能源设备租赁。

(4) 其他独立出租人。这类融资租赁出租人没有明显的技术优势，业务范围较大，与金融机构类出租人类似，但是该类出租人规模小，资金有限，融资租赁金额较小，一般涉足常规低值设备租赁。

3. 融资租赁业务类型

(1) 直租模式。该模式中，承租人一般是耗能者、排污者、政府，或者是第三方，如合同能源管理公司、合同环境服务公司。该模式的交易结构最为简单。这种形式在小型低值设备的租赁中较为常见；另外，相比于节能领域，环保领域的融资租赁更多采用这种形式。

(2) 售后回租模式。该模式中，融资租赁公司向第三方如合同能源管理公司、合同环境服务公司购买节能环保项目所需设备，然后回租给第三方即节能环保服务提供商，租赁设备指定用于特定耗能者或排污者。在合同能源管理公司、合同环境服务公司等第三方资金不足时，耗能者、排污者可能会为该笔融资租赁交易提供一定程度的担保。

(3) 直租＋节能量保证模式。作为直接租赁的拓展业务，结合市场实际情况，考虑到建设期项目资金来源问题，以及依据实际节能量来安排租赁方案，安排耗能者为承租人，项目竣工验收前为宽限期，付款起租，宽限期内合理安排租金支付比例。节能服务提供商或设备供应商提供竣工验收设计达标回购保证（即节能服务提供商或设备供应商承诺项目的节能量达到某个数值，以此作为租金的计算标准。如果三方确认的实际节能率在承诺数值的75%～100%，差额部分由节能服务提供商或设备供应商补偿给租赁公司；低于75%，节能服务提供商或设备供应商承诺全额回购)。这种模式只适用于节能领域的较大项目，在美国较为多见。

(4) 结构共享式租赁模式。耗能者、排污者为承租人，租金由固定租金与或有租金两部分构成，固定租金现值大于设备购置款的90%。或有租金与节能效果或环境改善效果挂钩。该模式是发达经济体出租人数量众多、激烈市场竞争的产物，适用于有成熟经验的低值设备租赁。某些长期大型节能环保项目的融资租赁也采取这种形式，其租金收益权往往通过资产证券化打包成不同信用级别的债券，供投资者投资。

第二节　德国：小城镇污水治理中的特殊融资形式与项目租赁

一 德国相关法律规定与小城镇污水治理的责任主体

德国的污水处理需遵守联邦法律、各州法规乃至各乡镇规章制度，受到欧盟法律的影响。水体和污水利用适用的最重要的法规是1986年9月23日第5次修正版的《水管理法》(*Wasserhaushaltsgesetz*，WHG) 和1992年11月6日第4次修正版的《污水征税法》(*Abwasserabgabengesetz*，AbwAG)。《污水征税法》是联邦政府根据《基本法》(*Grundgesetz*，GG) 第75章第4条的规定颁布的。《污水征税法》规定，公民有义务合理用水，以最大限度地避免对水体的污染和造成其他损害。《水管理法》第7条a款对企业和乡镇管理者做出规定，污水只有在特定的少数情况下才能排放。这些规定的目的是减少污水量和降低污水对环境的损害。同时也提出了对污水征税，并建立在一种奖惩制度之上，污水中的物质有害度越高，所征收的税就越高。

各州的法规中关于污水处理的规定则在联邦法律的基础上更为具体，但并不偏离联邦法律中的规定。根据《水管理法》第18条a款第2节，各州需要规定哪些公共组织对污水处理负责。这些组织基本上覆盖州的所有乡镇。乡镇的传统任务是保证对污水处理的关注。此项任务的履行并非乡镇自治的范畴，而是依照其所属的州的指令进行。履行污水处理义务时，乡镇可引入第三方机构，但污水处理责任仍保留在乡镇。污水处理条例还对乡镇使用污水处理设备做了规定。

二 德国小城镇污水处理的组织形式

污水处理可分为公共组织形式和私营形式。公共组织形式是指政府下设的独资公司负责污水治理，或者相邻地区的政府组成污水处理协作组织负责污水处理。

污水处理私营化有两种模式：公私合营和任务私营。公私合营模式也称作“合作模式”，它实现了私有经济体与公共机构的合作。任务私营模式也叫作“合同外模式”，它涉及按照法律规定不能私营的责任，如污水处理作为非经营性责任（公共责任）时。按照垄断委员会选出的术语，本书采用合同外、招标制和特许制来描述任务私营模式。任务私营模式通过招标制，赋予私人对责任出让人的直接义务，但合同和报酬关系仍保留在具有污水处理义务的乡镇及其市民之间。这一污水处理的组织形式已以“运营商模式”的名义运用到实践中。任务私营模式的基本思想是对计划、融资、制造、装备过程的整体优化。它的目标首先是完成一个新项目。特许制将任务出让方和任务承担方通过合同的方式直接联系起来。私人任务承担者在义务履行和定价上具有很大程度的自由，但乡镇保留对项目的控制权。以上讨论的前提是把污水处理作为一项经营性活动看待。本书中介绍的实践内容是在“任务私营”形式中运行的。

三 融资租赁结构及特点

1. 基本情况概述

以下讨论以把污水处理看作经营性活动为前提，同时假定，污水处理存在类似于特许水体保护权范畴的可能性。乡镇和运营商之间的许可合同通常设定此种条件。因为在运营商模式中，运营商是特许权获得方，特许合同仅包括经营方面的污水处理活动，但保留了特殊融资在政策上的需求。

参与租赁的企业按照《货物及服务招标条例》（Verdingungsordnung für Leistungen，VOL）所规定的招标方式参与竞标得到订单。出租人作为按照要求采购设备或制造设备、安装调试设备的项目公司，然后向作为承租人的运营商出租设备。这里，承租人可以是乡镇、私营污水清理公司或公私合营企业。租赁合同是出租人对承租人的一项长期的财产使用权转让合约。为此，承租人需向出租人支付租赁费用，估算总投资成本，并选择线性的如累进计量的方式进行计量。总投资成本包括安装费用、中间融资成本，以及设备开始使用前产生的所有费用。

出租人即项目公司应获得设备的所有权，基于此，为了将特许合同中分配给运营商的关于财产的权利和义务直接转给项目企业，项目企业和乡镇、运营商会签订一项特许合同和租赁合同的补充协议。这里特指关于获得在公共土地上建造排污管网的道路使用权、私人使用土地的登记，以及后续维护和追加投资所需法规的条款。基于特许权的租赁结构如图 4-1 所示。

如果使用中的污水清理设备（如管网）需要被提前收回，运营商应以购买合同来结束租赁，或者购买所需部分，如购买污水净化设备的继承制造权，再追加获得管网的制造权。

就出租人即项目企业的组织形式而言，项目公司可以是有限责任公司或合伙公司。对于租赁期初典型的账面损失，项目公司应作税务处理。由于运营商方面不关心损失在税务上的利用，项目公司最好采用有限责任公司的形式组织，

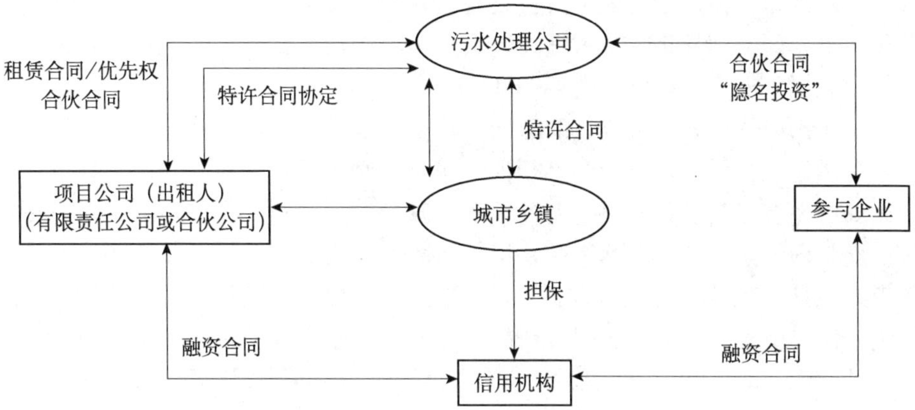

图 4-1　基于特许权的租赁结构

资料来源：Finanzierungslösung，1993 年第 8 页

已获得税收方面的收益。

2. 污水处理设备定性为动产而非不动产

融资租赁的标的物仅限于动产，主要是设备，主要原因在于融资租赁交易结构的关键是出租人享有对租赁物的所有权，可自由支配租赁物。具体到德国小城镇污水处理中的租赁物，一方面，污水处理设备包括管网等设施，这些设备一旦安装，很难移动，与土地联系在一起，部分具有了不动产的性质，但是按照法律性质，污水处理设备应属于设备，虽然移动的概率较小，但应可移动，因此本质上也不属于土地的一部分，而属于动产范畴；另一方面，按照德国税法的相关规定，此类污水处理设备也归在动产一类。

关于节能环保设备的动产性质定位非常重要，因为大量的节能环保设备，特别是规模大、专用性强的节能环保设备都存在类似问题，一旦安装，转移他用或收回的可能性很小。对于这一类设备，融资租赁是否可以将其视为动产开展业务，是摆在融资租赁公司面前的首要问题。实际上，我们可以将这类设备类比于专用性强的定制设备，来理解其动产性质。

3. 合同的具体规定

租赁合同需符合国家规定，出租物应作为出租人的财产计量，以达到有利的税负结果。部分摊销合同规定，租赁合同不可废止时间不能超过企业一般设备使用期的 90%，以此保证出租人对其财产的所有权；同时应注意租赁合同期限不应短于特许权合同的期限。使用旧设备时，租赁合同的期限应按照该租赁物剩余使用期限来计量。企业一般设备使用期按照直线折旧法算出，特殊情况由金融管理部门确定。基于特许权的租赁结构应建立在遵守集团法律规定的前提下。在特许合同和租赁合同到期后，乡镇的决策自由不受限制，租赁企业可强制要求乡镇以买入设备的方式进行可能出现的损失赔偿。这种租赁模式具有购买权形式的到期规定。一方面，这一规定符合污水清理的实际情况；另一方面，它保障了出租人符合纳税要求的财产。

由于出租物作为出租企业的财产，其使用是基于获得污水处理特许权之上的，若承租人在租赁期结束时不行使购买权，则必需订立附加条款，规定出租人所属的乡镇可要求和乡镇指定的污水清理公司签订租赁合同。乡镇在一个约定的期限内（如 4 周，在此之后乡镇拥有决策自由权，由此可保护特许权被授予者）不具备此项权利，在此期间，出租人有权要求乡镇把辖区内的污水处理权给予由出租人指定的污水清理公司。这种到期规定的设计，不会造成出租人财产的分配，即不会像双重权利合同那样，承租人同时拥有购买权和出售权。考虑到卡特尔法律上的需要，20 年之后，无疑将出现特许权被授予者的拆分，并产生选择新的特许权所有者的完全决策自由，而到期规定也能实现根据乡镇和租赁企业在污水清理中的经济利益进行符合实情的调整。租赁合同中（如在补充协议中）存在其他的政策需求，因为按照之前提到的特殊协定，出租人承担了基于财产的权利和义务，而这些权利和义务按照特许合同本来是由特许权被授予者（即污水处理公司）承担的。这样的补充条款是有必要的，因为这样承租人作为运营商又完全承担了特许权被授予者的义务。承租人在租赁期间承担了协定中出租人所有的义务。补充协议还可使承租人承担乡镇在污水处理上的所有义务。

4. 市政污水治理采用融资租赁模式的意义

市政污水治理属于公共管理的范畴，但公共管理的一个弊端在于，参与者没有动力追求成本最小化的解决方案。与此相反，租赁企业在直接竞争中力求缩短建造时间、降低成本、保证质量。乡镇采取招标的方式选择项目公司即出租人。出租人靠质量而非价格中标，中标后将落实具体计划。参与项目的租赁公司按照类似运营商模式运行，项目计划过程中的许多部分可能由各个分包商具体执行，以降低成本。

租赁企业一般承担项目计划、设备制造和维护、承担风险的功能。租赁企业有责任在承租人要求的期限内，按照某一约定价格交付设备。对租赁企业来说，可能存在其交给分包企业的制造任务被按照成本最小化的目标来完成的情况。因为污水处理要求具备特殊的技术，加上乡镇的污水处理设备可能只需建造一次，并可长期使用，租赁企业很可能追求成本最小化。租赁企业一般和专门的设备供应商打交道，这些供应商享有特殊的市场地位。这样能减少项目的净成本，且有利于承租人。同时，租赁的合理化和专业性也弥补了它在其他方面的缺陷，运营商即承租人也能在期望的合同和其他服务义务上获益。

第三节　美国：可再生能源节能减排融资租赁与政府促进政策①

一 美国可再生能源节能减排融资租赁的主要涉足领域

在美国，可再生能源节能减排融资租赁主要是以可再生能源发电所需的资产、设备、部件、相关系统作为租赁物，用以发电的可再生能源一般是可再生资源或生物质能，具体的发电技术可概括为四类：农业或生物肥料氧化/气化发电、地热发电、太阳能发电化光伏发电、风力发电。其中，因风力发电技术较为成熟，成本更接近传统能源，美国有适于风力发电的地理条件和气候条件，所以风力发电应用较其他可再生能源更为广泛。但是，融资租赁参与最多的不是风能，而是生物质能，这主要是因为风力发电已日趋成熟，其投资高峰期已过。融资租赁公司参与的项目中，以投资金额论，生物质能约占45%，太阳能约占37%，风能约占18%，对地热的投资微乎其微。

二 美国可再生能源节能减排融资租赁概况

就出租人类型而言，目前，美国从事可再生能源节能减排融资租赁的公司中，金融机构类融资租赁公司占47%，独立型融资租赁公司占38%，厂商类融资租赁公司及其他公司占15%。就出租人的规模而言，各种规模的融资租赁公司在可再生能源节能减排融资租赁中的参与度相差不大。年收入在1000万～5000万美元的融资租赁公司最多，占28%，然而，年收入超过10亿美元的融资租赁公司也占到19%之多。

就可再生能源节能减排融资租赁投资金额而言，80%的融资租赁公司总投资额在1000万美元以下，但是也有一些公司的总投资额超过2亿美元。另外，在美国从事可再生能源节能减排融资租赁的公司有大约一半在美国之外的地区从事融资租赁业务，这些公司在美国本土之外从事的业务主要集中于交通运输设备，如飞机、轮船等。就可再生能源节能减排融资租赁设备金额而言，单笔业务交易额超过2500万美元的大项目占30%，交易标的小于100万美元的小项目占40%，可见，可再生能源节能减排融资租赁交易的项目规模呈棒槌形分布。

尝试过可再生能源节能减排融资租赁的公司更能意识到该类交易的发展前途。但从未涉足可再生能源节能减排融资租赁的融资租赁公司则保持谨慎。曾

① 该部分数据来源于美国设备租赁与融资协会。

办理过可再生能源节能减排融资租赁的公司中，70%会继续可再生能源节能减排融资租赁业务，同时这70%的公司中，有90%会扩大投资额。未办理过可再生能源节能减排融资租赁的公司中，大约只有30%表示会尝试开展该类业务。

三 美国促进可再生能源发展的政策，推动了融资租赁与可再生能源发展的结合

1. 所得税刺激政策

美国的所得税优惠政策较为复杂，包括加速折旧、税务抵免、税率降低、保税区等多种形式。通过所得税优惠政策，一些本来在经济上较不可行、不太具有吸引力的投资变得有竞争力，通过这种机制，实现了政府对特定行业或领域的支持。就可再生能源发电而言，美国的所得税优惠政策主要源于美国的《国税法案》（Internal Revenue Act），大体分为三类：加速折旧、生产税收抵免、投资税收抵免。

加速折旧。可再生能源发电设备，只要属于美国《国税法案》168条（e）(3)款（B）段（vi）小节的范畴之内，都可以享受在5年内提足折旧的优惠政策。发电设备的生命周期较长，实际的折旧期远远不止5年。通过加速折旧，设备所有人在前5年的计提折旧很大，账面利润减少，所得税大幅减少；虽然在折旧提完后，账面利润缺少这部分折旧的冲销，但从长期看，总共缴纳的所得税额基本一致。但是，设备所有人享受了晚缴税的好处，资金是有时间价值的，加速折旧相当于政府为设备所有人提供了无息贷款。

生产税收抵免。符合条件的可再生能源项目主要规定在美国《国税法案》第45条，包括风力发电、闭合回路生物质能、开放回路生物质能、地热发电和存储、太阳能项目。可再生能源设备的使用者每生产1千瓦时的电力，可以获得1.9美分（2008年标准）的生产税收抵免，直接冲减应纳所得税额。生产税收抵免的标准根据物价、成本等调整，如可再生能源发电之前已享受债券收益税收豁免、能源融资补贴等优惠的，则企业实际享受的生产税收抵免应扣减相应优惠金额。同时，这一税收抵免有效期为两年，到期时由政府调整标准，重新发布。

投资税收抵免。按照美国《国税法案》第48条规定，某些可再生能源项目投资可享受投资税收抵免，比如，太阳能电力安装可享受30%的投资税收抵免，地热发电设施则享受10%的投资税收抵免。但是，需要注意的是可再生能源发电设备的投资者或生产者只能在生产税收抵免和投资税收抵免中选其一，不能享受双重优惠。

在促进可再生能源发展方面，美国的所得税刺激政策作用最大。主要原因在于可再生能源发电本身在经济上与传统能源尚有差距，竞争力弱，但是凭借所得税刺激政策，可再生能源发电在成本收益上可以与传统能源匹敌。美国政府刻意保持可再生能源发电与传统能源发电在成本上的趋同甚至小幅低于传统能源发电，以促进市场竞争，强化可再生能源发电投资和技术的发展，这也是美国政府定期调整所得税刺激政策幅度、标准的原因。

美国的所得税刺激政策在促进融资租赁与可再生能源开发相结合方面，起着难以替代的作用，可以说，美国的所得税刺激政策使融资租赁在可再生能源开发中取得了其他融资渠道无法比拟的优势。原因在于：美国的可再生能源发电企业一般利润较薄，在很多情况下，账面利润小于加速折旧值或者小于设备投资税收抵免税前可冲减额导致应纳税所得额为零，也就是说，这些可再生能源发电企业无法充分利用所得税刺激政策，体现在成本收益上就是发电成本无竞争力。然而，融资租赁公司特别是金融机构类融资租赁公司利润较大，由融资租赁公司作为可再生能源发电设备的所有人，税前利润足够冲减，可充分享受加速折旧和投资税收抵免政策的好处。然后，在融资租赁的交易结构中，融资租赁公司与承租人即可再生能源发电公司共同分享所得税刺激政策的收益。在这里，融资租赁公司利润较大并不代表融资租赁公司利润率高，而是说其利润绝对值高。

2. 可再生能源比例标准机制

可再生能源比例标准机制是指政府为电力公司设定标准，要求它们生产的电力有一定比例来自可再生能源。此比例由政府确立后，通常会逐年上升。政府要求的可再生能源一般为风能、太阳能、生物质能或者地热能等。按照政府的具体规定，电力公司利用可再生能源每向电网输送一定数量千瓦时的电力，就可以获得一个单位的可再生能源证书。这些可再生能源证书可以交易，电力公司须获取足够的可再生能源证书向政府出示以证明其满足该项监管要求。

因此，可再生能源比例标准机制在一定程度上类似于清洁发展机制，两者的相同点都在于将节能减排或利用可再生能源标准化、证书化、可交易化。这就刺激了可再生能源发电，采用可再生能源发电后可以获得可再生能源证书，多余的可再生能源证书出售给传统能源发电企业，可以获得收益，相当于可再生能源发电获得了补贴。

可再生能源发电的投资需求主要是设备投资，出售可再生能源证书的收益可作为融资租赁的租金来源或还款保障，可再生能源比例标准机制为可再生能源发电与融资租赁的紧密结合提供了条件。

3. 上网电价补贴机制

上网电价补贴机制（也被称为可再生能源回购电价制度、保护性分类电价制度或政府电力收购制度)，是指政府与使用可再生能源发电的个人或公司签订一份长期合约，期间发电者每向公共电网输送一度电，除了获得原本的电价以外，还可以赚取若干补贴。这种补贴的金额由政府公布，一般取决于当时此种能源发电设施的造价及安装费用。因此，造价高的能源发电设施补助也高，比如，对风能的补贴相对于太阳能光伏和潮汐能来说就要少一些。上网电价补贴的金额通常随着时间流逝、各种能源技术的提高、成本的下降而逐年减少。总的来说，上网电价补贴政策的目标就是要鼓励可再生能源的应用者，确保个人或者电力公司的投资获得稳定的收益。上网电价补贴机制与所得税刺激政策中的生产税收抵免有相似之处，前者是通过合同的形式直接给予补贴，后者是利用税收政策。上网电价补贴机制在美国各州的应用不如可再生能源比例标准机制和所得税刺激政策广泛。但在欧洲特别是德国，上网电价补贴机制得到了广泛应用。从上网电价补贴机制增加可再生能源发电公司收益、该项收益与可再生能源发电设备运转使用紧密相关、该项收益长期稳定等角度出发，这些特点与融资租赁租金收取较为匹配，有利于融资租赁参与到可再生能源发电领域。

第四节　国际实践中，融资租赁应用于节能环保领域的经验和教训

一 国际实践中，融资租赁广泛应用于节能环保领域的原因

1. 融资租赁在发达经济体应用广泛，渗透率高

第一，发达经济体的金融市场发育程度高，为融资租赁行业的发展提供了基础。首先，发达经济体的利率是市场化的，在这种市场条件下，适应各种融资需求的各种金融机构得以发展。这与我国利率管制下，商业银行基本垄断金融领域的状况完全不同。针对设备融资需求的就是融资租赁这种独特的交易结构，发达经济体中的融资租赁行业真正做到了融物与融资的统一，与我国近几年融资租赁特别是金融租赁公司一定程度上通过融资租赁变相绕开信贷规模监管的现状有很大差别。其次，发达经济体有成熟的信用体系，在这样高度诚信的市场经济中，融资租赁公司控制风险的成本小，同时，对于商业银行等机构，小规模融资租赁公司违约概率也低，风险控制简单，融资租赁公司从银行等机构获得融资的门槛低，成本小。

第二，融资租赁行业在发达国家特别是美国的渗透率高。截至 2011 年，美国融资租赁渗透率(融资租赁交易额/全社会设备投资总额)为 17%，欧洲、美

洲等的发达国家为10%～30%,[①] 而美国在经过了次贷危机后，又回升到22%。

2. 政府积极推动节能环保，政策切实有效

第一，发达国家普遍重视节能环保。2011年1月，美国总统奥巴马发表了其就任以来的第二次国情咨文演讲，突出了发展清洁能源技术的重要性，并提出了主要计划：加大对清洁能源技术的资助力度，终结对化石能源的税收补贴；到2035年使清洁能源发电所占份额翻番。2011年3月，欧盟委员会发布了“欧盟能源效率新计划”。节约能源是提高能源供应安全水平，以及减少温室气体和其他污染物排放量的最经济有效的方式之一。这也正是欧盟在2007年制定“到2020年能源消费量节约20%”目标的原因。20%的目标意味着到2020年可节约3.68亿吨石油当量；相比而言，预计到2020年能源消费量为18.42亿吨石油当量。

第二，政府出台了一系列市场化推动节能环保的刺激政策，与融资租赁有机结合。首先，政府出台的节能环保刺激政策是市场化的，政策通过刺激市场经济主体的行为来促使各主体积极参与到节能环保之中。例如，对于节能的企业，使企业节能可以获得收益，给企业节能以动力。对于环保的推动，则加大对环境保护的监测；对于环保不达标的企业，施以重罚，使企业未自主实施环保的代价远远高于加强环保的成本，促使企业自发实施环保措施。这也符合科斯定理的精神。其次，政府刺激节能环保的政策，有很多易于与融资租赁的交易结构结合，如上文提及的所得税刺激政策、可再生能源比例标准机制等。

二 国际实践中，融资租赁应用于节能环保领域的现实问题

1. 融资租赁在节能环保领域应用的不均衡

与我国的情况相似，节能环保的国际实践中，融资租赁应用于节能领域多于环保领域。主要原因是节能领域，企业有更强的动力投资于节能。另外，一些节能服务公司也对节能领域的投资起到了推动作用。环保领域，则主要借助于政府对排污者的处罚引导排污者参与环保，在达到政府的环保标准之后，则排污者动力丧失。或者说，节能的潜力是近乎无限的，通过不断提高能效，就有可能获取收益；而环保则是有限的，除非政府不断发布更加严格的环保标准，并加大监测和处罚力度。

2. 技术升级快，但投资者和融资提供方倾向于使用成熟技术

节能环保领域的技术进步日新月异，对于提高节能环保的效率非常重要。

---

① 资料来源：White Clark Group，Global Leasing Report.

然而，受制于投资收益率和融资安全性等因素，节能环保领域的投资者和融资提供方，特别是金融机构类融资租赁公司对新技术和新设备的应用十分谨慎，往往倾向于使用以往采用过的技术和设备。当然，厂商类租赁公司不存在这一问题，厂商类租赁公司因其技术优势，往往是市场上最早参与新设备融资的融资提供者。

3. 依赖政府政策，政府政策的连续性较差

在发达经济体，政府的政策往往受到选举、执政者交替等因素的影响，对于节能环保领域的政策而言，尤其是这样。在美国，节能环保领域的政策主要是所得税刺激，而具体的所得税优惠等一般有有效期，有效期过后，需调整标准，再经国会重新审议批准。在欧盟，近年来，绿党政治影响力较大，重点倡导节能环保的绿党上台后，政策更加积极，但执政党更替后，政策往往难以保持连续性。

第五章 以融资租赁促进我国节能环保产业发展的路径及政策对接

第一节 实现节能环保与融资租赁结合的现实意义

根据“十二五”规划，节能环保产业未来将围绕着提高能效和“水气声垃”等领域展开，即涉及企业、政府和家庭等社会各个方面的电能节约和热能节约，以及工业废水、城市污水等水污染治理，除尘、脱硫、脱硝等大气污染治理，噪声处理，固体废弃物处理四个方面的污染物治理。

对于用能企业和污染企业而言，要进行节能技改和污染物的治理，既面临着来自政府的指标要求高、时间紧迫的巨大压力，也面临着来自自身的内部压力。尽管我国企业普遍存在着能源消耗大、污染物排放严重、非常迫切地需要尽快进行节能环保技术改造的压力，但也同时面临着缺乏节能环保技术改造的量化决策依据，节能环保投资收益不确定，缺乏系统的节能环保解决方案，节能环保投资项目前期投入大、回报周期长、投资收益低、投资资金短缺等诸多共性问题。进一步而言，即使企业有足够的资金，受市场竞争的压力，其使用方向也主要偏重于能提高企业核心竞争力的生产领域，而不愿在节能环保项目建设前期出资。

对于以合同能源管理公司和合同环境服务公司为主的节能环保技术服务公司而言，普遍存在着成立时间短、企业规模小、资金实力有限的压力。虽然这些企业已经拥有一些节能环保技术研发的能力，甚至还拥有一些专利技术，但却因资金的制约，而使其投资规模受到极大的约束。若仅依靠自有资金的滚动发展，则根本无法满足我国巨大的节能环保市场投融资项目的需要。并且，以节能环保技术服务公司为筹资载体的BOT和EPC等新兴商业模式，因其无法满足商业银行风控的要求，而很难获得传统信贷的认同。由此而导致我国节能环保领域融资渠道十分窘迫。许多节能环保项目的实施，必须以充足的资金为前提。因此，强有力的融资支持是节能环保技术服务类企业发展壮大的生命线。

可是，从金融市场的角度观察，巨大的节能环保效益，对于资本市场上的投资人而言，又是极具吸引力的投资领域。商业银行要承担社会责任，也十分关注绿色信贷，希望在符合商业银行风险控制要求的前提下能为节能环保项目提供贷款。但是，这些潜在的投资人和金融机构，因缺少对节能环保技术的识别能力、畅通的投资渠道而无法进入该领域。

我们的社会需要可持续发展，所以用能企业需要节能技术投资以提高能效，污染企业需要污染物的治理方案以减少对社会环境的破坏；节能环保技术服务公司的节能环保技术需要在市场上推广，投资人有进入这一领域的强烈意愿。如何才能将这些主体有机地整合在一起？市场需要整体的、具有协同效应的节能环保解决方案。

此时，如果在节能环保领域引入融资租赁交易机制，将节能环保与融资租赁相结合，则可有效地化解上述困境，即首先由节能环保技术服务公司为用能或污染企业设计提高能效或治理污染的节能环保方案，并确定所需要的节能环保设备和设备供应商，然后由用能或污染企业，或者是节能环保技术服务公司作为承租人，通过与融资租赁公司签订融资租赁合同，由融资租赁公司负责出资购买所需节能环保设备，这就是节能环保融资租赁。节能环保融资租赁交易机制如图 5-1 所示。

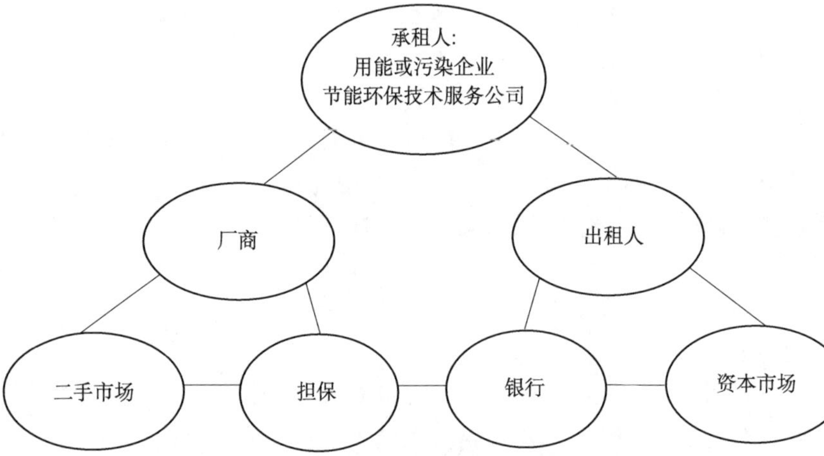

图 5-1　节能环保融资租赁交易机制

通过节能环保融资租赁，首先，解决了节能环保项目主要的资金来源问题，缓解了用能或污染企业与节能环保技术服务公司之间的博弈局面，使双方快速切入合作；其次，对于节能环保制造商而言，扩大了产品的销售；再次，对于提供资金融通的融资租赁公司而言，还拓宽了融资租赁公司的业务范围，拓展了其盈利的空间；最后，通过融资租赁交易机制，再配合政府的节能环保政策优惠和承租人的担保公司，利用节能环保项目的现金流，可对接商业银行贷款或资本市场的债权发行，真正实现了节能环保产业链上的用能或污染企业、节能环保技术服务公司、节能环保设备制造商和融资租赁公司多方的共赢。于是，在节能环保产业链上，作为处于金字塔尖上的用能与污染企业，在节能环保技术服务公司的技术支持下，在担保公司和融资租赁公司直接的资金支持下，对接了设备制造商和商业银行，使节能环保融资租赁成为节能环保市场配置资源的创新模式。

第二节　加强宣传，提高我国社会对节能环保融资租赁的认知度

若要通过节能环保融资租赁来推动我国节能环保事业的发展，提高包括政府、用能与耗能企业、节能环保技术服务公司、资本市场上各类投资人在内的我国社会各界对这一机制的认知程度，则是首要的任务。

一　提高我国社会对节能环保融资租赁的认知度的必要性

若要推动节能环保融资租赁的实施，节能环保技术服务公司和融资租赁公司，则是最原始的力量，因为这两类主体在节能环保融资租赁交易中直接获得收益。而政府的相关职能部门、实施节能环保投资项目的用能或污染企业对节能环保认知程度越高，越有利于制定有利的、恰当的投资促进政策，以及市场对节能环保融资租赁的接受程度，最终使节能环保融资租赁成为推动我国节能环保产业发展的重要力量。

1. 新兴产业自身认知度的提高

节能环保业在我国尚属于新兴产业，融资租赁业在我国的发展时间虽然不短，但过去 30 年多年的曲折经历及融资租赁交易结构自身的复杂性，直到今天，我国融资租赁业自身还存在着诸多关于融资租赁功能、作用、法律法规关系等方面的认识简单与肤浅、误区与混乱等方面的问题。于是，将两个新兴行业结合在一起的节能环保融资租赁，可以推断其认知程度之低和提高之艰巨。

在课题组进行的节能环保融资租赁问卷调查中，我们已经发现，无论是融资租赁公司还是合同能源管理公司，都对节能环保融资租赁表现出了极大的兴趣；但是，这两类主体自身对这一交易机制的认知度还很低。第一，从调查的试卷回收率来看，融资租赁公司的回收率是 24%；而以合同能源管理公司为主的节能环保技术服务公司的问卷回收率是 7%。由此说明，二者对节能环保融资租赁的认知度都很低，尤其是以合同能源管理公司为主的节能环保技术服务公司对运用租赁融资服务节能技术推广的认知程度更低。第二，从彼此认知程度的角度分析，作为债权人的融资租赁公司，因缺乏节能环保的技术识别能力，而担心节能环保投资项目收益的不确定性会导致债权的不安全性。而参与调查

的合同能源管理公司，则只有少数企业了解可以将融资租赁作为其筹集资金的一条渠道；至于如何运用这条渠道、怎样将融资租赁与合同能源管理有机地结合在一起等更深入的认识，则几乎是空白。

所以，只有在提供这一创新的主体——节能环保技术服务公司和融资租赁公司全面、准确而深刻地认识到这一机制的原理和作用后，才可能使这一创新得以推进。

2. 相关社会各界提高认知度的必要性

节能环保融资租赁的发展，除了受节能环保技术服务公司和融资租赁公司对这一创新的认知程度制约外，我国用能或污染企业、节能环保设备的制造厂商，以及制定节能环保政策的相关政府部门，对节能环保融资租赁的认知程度，也会间接制约节能环保融资租赁的推广。而这些主体对节能环保融资租赁的认知度更低。所以，提高用能或污染企业对该创新的认知度，可提高其采用节能环保融资租赁的主动性；提高节能环保设备制造厂商对该创新的认知度，可发挥其配合融资租赁公司，管理节能环保租赁设备，帮助进行余值处理，化解出租人残值风险；而提高政府部门对该创新的认知度，便于政府部门在制定节能环保投资促进政策时，组合进融资租赁交易，或者至少应覆盖到节能环保融资租赁，而不是将其排除在政策之外。

总之，提高社会各界对节能环保融资租赁的认知度，创造节能环保融资租赁良好的经营环境，扩大其应用的范围，最终达到促进我国节能环保事业发展，维护人类和谐的生存空间之目的。

二 行业协会与政府部门或成为推广节能环保融资租赁的主要力量

1. 行业协会自我提高

在我国，与节能环保融资租赁相关的行业协会主要有：中国节能协会、中国节能减排协会、中国节能环保产业协会、中国银行业协会金融租赁专业委员会、中国外商投资企业协会融资租赁委员会等主要的全国性行业协会。作为专注于行业内企业共同诉求的行业协会，节能环保领域的行业协会和融资租赁领域的行业协会应成为推广节能环保融资租赁的主要推动力量。促进我国节能环保融资租赁的推广，不仅有利于我国经济社会的和谐发展，对于节能环保领域的合同能源管理公司、合同环境服务公司，以及各类融资租赁公司而言，也是扩大自身业务规模、拓展盈利途径的经营活动。

所以，各个行业协会可以通过举办研讨会、培训班、展览会等多种形式，在本行业内普及节能环保融资租赁的专业知识，提高自身认知度，交流可以复制的交易模式等，以促进节能环保技术服务公司对应用融资租赁的认识和融资租赁公司运用融资租赁服务节能环保的专业水平的提高。

此外，节能环保类行业协会与融资租赁行业协会之间，还可通过邀请参加彼此的研讨会，相互提高对对方的认知程度。融资租赁业向节能减排领域推广，可以提高其对融资租赁交易特性的认知度，使其在已有的、熟悉的投融资途径的基础上，产生主动选择租赁融资的意愿，特别是在了解租赁融资与信贷融资、证券融资等其他融资方式的不同之处后，结合自身节能环保项目的特性，主动选择租赁融资的方式，来克服其融资障碍。而节能环保行业协会，可以向融资租赁公司普及节能环保项目的技术知识，协助其判断节能环保项目的收益水平、盈利曲线、设备特性等，提高融资租赁公司对节能环保机构、技术、设备和政策的熟悉程度，以利于融资租赁公司可靠地判断投资回收期限和风险控制程度。

2. 行业协会面向用能或污染企业等服务对象及社会各界的宣传

除了提高行业协会自身成员的认知程度外，行业协会还要担当起向社会宣传节能环保融资租赁的责任。

通过向其服务的对象——用能和污染企业宣传节能环保融资租赁，以加强企业在进行节能环保项目投资时采用节能环保融资租赁的意愿。节能环保技术服务公司在营销节能环保技术时，还可主动培育客户，为其提供运用节能环保融资租赁在内的一揽子节能环保解决方案。

通过向节能环保设备制造企业和其他金融机构宣传节能环保融资租赁，可提高这些企业参与节能环保融资租赁的主动性，促进融资租赁公司与节能环保设备制造商的合作，还可增加融资租赁公司设备风险管理的渠道；融资租赁公司与商业银行或资本市场的合作，从根本上解决了我国节能环保投资项目的资金来源问题。

通过向政府职能部门宣传，提高政府对这一创新的认知度，使政府在制定有关促进节能环保产业发展政策、绿色信贷政策等时，能够覆盖、利用和包含进节能环保融资租赁方式，为开展节能环保融资租赁奠定市场环境和政策环境。

第三节　构建节能环保融资租赁交易机制的总体思路

一　构建节能环保融资租赁交易机制的目标

从节能环保项目的角度讲，如本书在第一章中对节能环保产业链上的企业参与节能环保投资动机的不同的分析，耗能企业和污染企业等需要提高能效和进行污染治理的企业，需要进行节能环保投资，但却不愿意自主投资；专门服务于节能减排的合同能源管理公司和专门服务于环境污染治理的合同环境服务公司，甚至包括节能环保设备制造商，都需要通过服务于耗能企业提高能效和污染企业进行污染治理来获得收益，他们有投资的积极性与主动性，但受其自身经营规模的限制却无力承担巨大的节能环保设备的投资。

从资金融通的角度讲，融资租赁是一种具体的金融交易方式，融资租赁最基本的功能是出租人为承租企业提供资金融通。所以，节能环保产业链上的各个交易主体，均可直接作为承租企业，运用融资租赁筹集其所需要的节能环保项目的投资资金。所以，融资租赁公司可根据节能环保融资租赁产业中特性不同的两类承租企业，分别设计资金租赁融资的交易结构。

融资租赁对节能环保产业发展的促进作用，还不仅仅体现在增加融资渠道这一单纯的融资特性上；进一步而言，通过运用融资租赁，为节能环保产业链上的企业构建了一个节能环保的投融资平台。通过这一投融资平台，不仅使节能环保企业获得了资金融通，还有助于解决节能环保绿色信贷发放中商业银行风险控制缺乏、合同能源管理公司属性混乱的当前严重制约节能环保产业发展的许多基础问题。通过节能环保融资租赁交易机制，构建一种可整合资金、设备、技术、用户和投资人等在内的多个主体在内的节能环保投融资交易平台。

通过这一以节能环保融资租赁为中心的交易平台，增强节能环保项目的各个参与主体与国家相关产业政策、资本与金融市场的协同效应。

二 对接节能环保投融资与融资租赁的逻辑思路

节能环保融资租赁，简而言之，就是融资租赁在节能环保领域的应用。那么，二者之间的连接点何在？二者之间的结合，又能产生怎样的特殊性呢？

1. 维度一：节能环保多种参与主体视角下的融资租赁

融资租赁最基本的交易结构是由出租人、承租人和供货商三方当事人通过购买和融资租赁两个合同而形成的融资租赁交易关系。那么，当融资租赁应用于节能环保产业时，节能环保产业链上的各个当事人——用能企业与节能企业、污染企业与污染治理企业，在运用融资租赁交易解决投融资问题时，其究竟是作为筹集资金的承租人，还是作为提供资金的出租人，抑或是兼具节能环保设备供应商与出租人双重身份的交易主体？不同的交易安排，显然会产生不同的交易结果。

首先，节能环保产业链上的每一个参与企业，节能环保设备制造商和经销商、用能企业或污染企业、合同能源管理公司或合同环境服务公司等节能环保技术服务公司等，都可以以企业自身作为承租人，来采用融资租赁，增加一条融资渠道。由此而体现的节能环保融资租赁交易的特性是：用能与污染承租企业的一般租赁融资特性、节能环保设备制造商的租赁促销特性。

其次，更为有效的是，由于在绝大多数情况下，节能环保项目需要用能或污染企业、节能环保技术服务公司和节能环保设备供应商共同参与，协同合作，才能达到提高用能企业能效或污染企业污染治理的目标，所以，在融资租赁交易中，结合节能环保项目的特性，将用能或污染企业与为其服务的节能环保技术服务公司在融资租赁交易中有机地组合在一起，即可显示出节能和污染治理企业的专业租赁融资的特性。

2. 维度二：多种融资租赁交易形式视角下的节能环保租赁融资特性

结合我国融资租赁市场的发展水平，我国目前可采用的融资租赁交易形式，按照租赁特性的不同，可分为三组：第一，全额清偿的融资租赁和非全额清偿的融资租赁，国内习惯的表述是，对于全额清偿的融资租赁只用融资租赁来表述，而对于非全额清偿的融资租赁则用经营性租赁来表述；第二，直接融资租赁或售后回租；第三，税务租赁和非税务租赁。而这三种分类，其实都是对所有融资租赁方式，从不同角度的观察。一项具体的节能环保融资租赁交易，可以是上述六个分类的组合。而不同的组合，则可凸显出不同的租赁融资的特性。从我国融资租赁业的发展趋势看，我国现在采用比较多的是全额清偿的直接融资租赁和售后回租，而非全额清偿的融资租赁，也就是直接经营性租赁和经营性租赁的售后回租，将成为未来。

所以，当节能环保产业链上的相关企业进一步运用这些相对高级的融资租赁交易形式时，又可在单纯增加融资渠道的基础上，在财务比率管理、税收资源的再分配、现金流的管理等方面，形成更丰富的投融资特性。

3. 维度三：上述两个维度的结合，构成了节能环保融资租赁的投融资平台

归纳上述两个方面，运用数学排列组合的分析思路，我们可以将研究思路总结为：从节能环保角度讲，主要包括用能企业和污染企业、合同能源管理公司和合同环境服务公司，以及节能环保设备的制造商或经销商。从融资租赁方面讲，主要包括融资租赁基本交易形式中的三方当事人，以及可区分融资租赁不同特性的融资租赁交易的三种分类。于是，节能环保的各个元素与融资租赁的各个元素相互组合，就产生出了多种节能环保融资租赁的具体交易结构。当然，并非每种组合都有经济学的意义。

于是，在下面的分析中，我们将按照这一思路，对于那些可形成显著的经济学意义的融资租赁交易形式与节能环保产业链上的不同交易主体的组合，从融资租赁服务节能减排的基本模式和构建节能环保融资租赁高级模式两个角度，分别加以单独的分析。

第四节　根据项目特性构建节能环保融资租赁基本交易模式

根据上述构建节能环保融资租赁交易机制的总体思路中的分析，下面我们将按照以不同类型的节能环保参与主体作为承租人的思路，分别探讨各种交易模式的结构安排、相应的提醒和适用的范围。然后，再探讨不同融资租赁方式与节能环保融资租赁相结合的方式与融资特性。

所谓融资租赁的基本模式，即指全额清偿的直接融资租赁的交易结构。由于这种结构也是融资租赁交易中最普遍、最一般的交易结构，所以我们先以此种融资租赁交易结构做基础，探讨不同的节能环保参与主体采用融资租赁时的交易安排。

一　以耗能或污染企业或企业集团作为承租人的全清直租模式

1. 适用的总体思路

当耗能或污染企业或企业集团，在进行节能环保项目投资时，对于本企业所需要的节能环保设备（这些设备，可以是耗能或污染企业自主进行的节能环保项目的设备，也可以是由合同能源管理公司或合同环境服务公司为耗能或污染企业设计的节能或污染治理项目所需要的设备），自主选择特定的设备供应商，并委托出租人向设备供应商出资购买，这些企业再以承租人的身份，通过与融资租赁公司签订融资租赁合同，从融资租赁公司手中租入其选定的设备。于是，在不出资或只需提交很小比例的保证金的条件下，这些节能环保企业就获得了其所需要的节能环保设备，从而使耗能企业的节能减排或污染企业的污染治理的目标得以实现。

耗能或污染企业，耗能或污染企业集团，自身实力比较雄厚，投资于节能或污染治理项目的主观意愿比较强，愿意为此筹集资金，以自身承担负债的方式上项目时，适宜采用这种方式。相当于为其增加了一条十分可行的节能环保项目筹资渠道。

鉴于单个耗能或污染企业，或者耗能或污染企业集团作为承租人时，交易结构也可有些差别，我们将分别阐述。

2. 单个耗能或污染企业作为承租人的交易结构与流程

单个耗能或污染企业作为承租人的交易结构如图 5-2 所示。

其交易流程如下。

（1）对于耗能企业而言，合同能源管理公司与耗能企业签订能源管理合同，

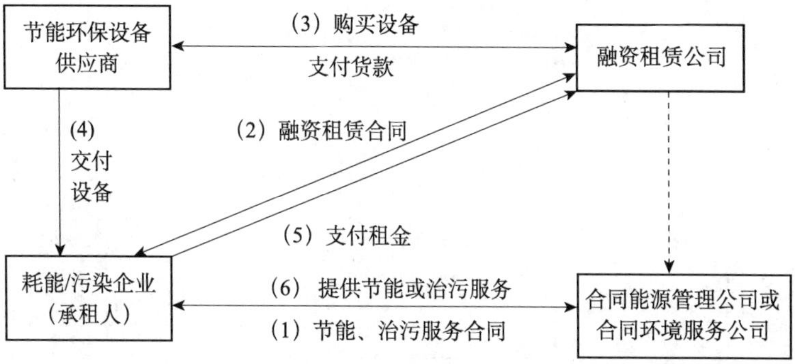

图 5-2　单个耗能或污染企业作为承租人的交易结构

并根据合同规定将向其提供全方位的节能服务，承诺节能收益，但合同能源管理公司不承担设备的投资；对于污染企业而言，合同环境服务公司与污染企业签订污染治理服务合同，为其提供污染治理的全方位服务，但合同环境服务公司不承担所需污染治理的设备的投资。

（2）耗能或污染企业根据能源管理（治污服务）合同选定节能或污染治理设备供应商，然后与融资租赁公司签订融资租赁合同。通常情况下，租赁期应与节能或治污服务期限结合起来。

（3）融资租赁公司与设备供应商签订购买合同，购买设备，支付货款；

（4）设备供应商向耗能或污染企业交付设备。

（5）耗能或污染企业向融资租赁公司支付租金；

（6）合同能源管理公司为耗能企业提供节能服务，或者合同环境服务公司向污染企业提供相关的污染治理服务。

3. *以耗能或污染企业集团为承租人的交易结构与流程*

融资租赁服务企业集团节能减排模式适合于有实力的用能或污染企业集团。由企业集团与融资租赁公司签订融资租赁合同，租赁节能减排设备，企业集团统一交付设备租金；为提高设备的利用率，企业集团可成立专门的投资管理公司负责租赁设备在集团内各部门之间的配置。融资租赁服务企业集团节能减排基本流程示意图如图 5-3 所示。

其交易流程如下。

（1）耗能或污染企业集团用户与合同能源管理公司签订节能服务合同，或者污染企业集团用户与合同环境服务公司签订治污服务合同，由合同能源管理公司或合同环境服务公司承诺向集团下属各单位提供节能或污染治理服务，并保证节能收益或污染治理效果，但合同能源管理公司或合同环境服务公司不承担设备的投资。

（2）企业集团用户选定节能环保设备供应商，与融资租赁公司签订融资租

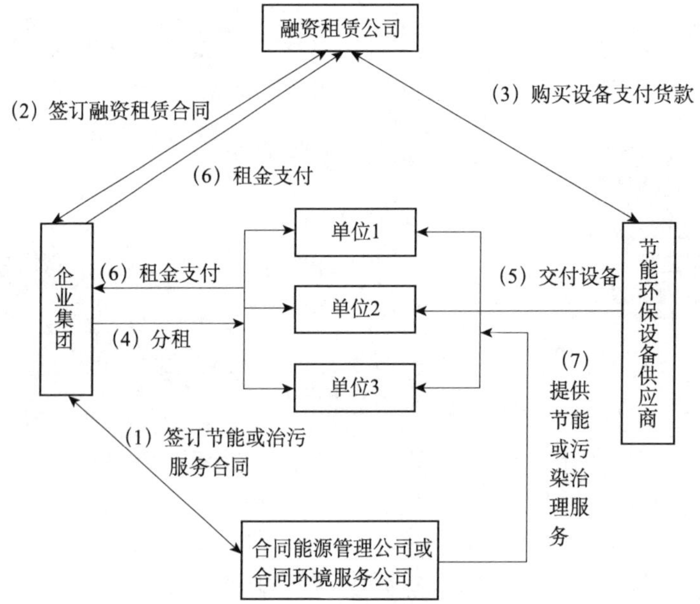

图 5-3　以耗能或污染企业集团为承租人的交易结构

赁总包合同，租赁期应与节能或治污服务期限结合起来。

(3) 融资租赁公司与节能环保设备供应商签订购买合同，支付货款。

(4) 企业集团将租赁设备分租给下属各单位。

(5) 节能环保设备供应商向企业集团下属各单位交付设备。

(6) 企业集团下属各单位将租金交予企业集团，企业集团将租金转交给融资租赁公司（或者企业集团设立投资管理公司时，则企业集团下属各单位将租金交予投资管理公司，投资管理公司将租金转交给企业集团，企业集团或投资管理公司将所收集的租金再转支付给融资租赁公司）。

(7) 合同能源管理公司或合同环境服务公司向企业集团下属各单位提供节能或污染治理服务。

与由企业集团下属单个企业直接作为节能环保项目承租人的模式不同，这种以企业集团作为节能环保项目承租人模式的优势是：第一，相对于企业集团内部各个单位各自分别租赁设备，企业集团规模采购有利于降低采购成本；第二，有利于企业集团内部合理配置节能或治污资源，提高设备利用率；第三，与有实力的机构合作实现优势互补，有利于融资租赁公司控制风险。

4. 以耗能或污染企业为承租人的全清直租模式的适用性及效果

概括而言，在本模式下，在节能环保投融资项目中，作为租赁债务人的企业，实际上就是通过投资节能环保措施来提高能效或进行污染治理的耗能或污染企业，即节能或环保治理设备由耗能或污染企业自主选择，自身投资。其所需资金，通过与第三方融资租赁公司或节能环保设备厂商附属租赁公司签订融资租赁合同的方式而获得。因此，能够采用这一模式的前提条件是：首先，这些耗能或污染企业有较高的信用等级，它们可以以自身信用能力为担保，来满足作为债权人的融资租赁公司的放款要求；其次，这些公司还要有较强的实施节能环保措施的意愿。只有这样，这些公司才会同意以降低自身财务能力为代价来满足这些非企业核心竞争力的投融资的需求。

在这种模式下，对于合同能源管理公司或合同环境服务公司而言，其业务的重点是为耗能或污染企业及企业集团提供专业的节能或污染治理的技术服务，却不提供节能环保项目所需要的设备。这样的交易结构，与由合同能源管理公司或合同环境服务公司直接投入节能环保设备相比，可极大地缓解这些合同能源管理公司或合同环境服务公司的资金压力，减小了其资金占用量。

对于合同能源管理公司与融资租赁公司而言，在这一交易模式下，二者没有发生直接的交易关系。但是，为增强出租人提供节能设备租赁服务的意愿，合同能源管理公司还可通过为融资租赁公司提供节能效益担保的方式，来进一步提升承租人的信用能力，提高融资租赁公司为耗能企业提供节能设备会计上的融资租赁的意愿，即出租人与合同能源管理公司单独签订协议，或者是在融资租赁合同中加入合同能源管理公司的效益担保条款，如果节能设备未达到设计标准而影响承租人向出租人支付租金的，由合同能源管理公司补足或者回购租赁物。这是因为，合同能源管理公司最具有对节能项目效益的专业技术判断能力，更有能力确定节能收益水平，从而使节能效益现金流的分析更为准确。所以这些因素，都可成为融资租赁公司风险控制的重要参考。

同理，对于合同环境服务公司与融资租赁公司而言，在这一交易模式下，二者也没有发生直接的交易关系。但是，合同环境服务公司同样可以通过为污染治理企业担保的方式，来提升融资租赁公司参与该企业污染治理设备融资的意愿。与合同能源管理公司略有不同的是，一些污染治理项目，不能够像提高能源使用效率的项目那样，在节能改造后能产生直接的经济效益，因此，合同环境服务公司对污染企业信用能力的提升，会受到一些制约。

综上所述，这种模式更适合资金实力强的耗能或污染企业或企业集团来采用，提供节能或污染治理服务的技术公司，虽然未与融资租赁公司形成直接的交易关系，但可通过技术咨询、效益保障、节能环保效益担保等方式，发挥节能环保专业技术优势，为融资租赁公司提供额外的技术支持。

二 以合同能源管理或合同环境服务公司为承租人的全清直租模式

1. 适用的总体思路

以合同能源管理公司或合同环境服务公司为承租人模式的节能环保融资租

赁交易，与上述以耗能或污染企业或企业集团为承租人的交易模式的节能环保治理的思路完全一致，其所涉及的融资租赁的原理，也完全相同。只是因为在融资租赁交易中，具体作为承租人的企业不同，而使得其交易流程略有变化，并因此而形成一些有利于合同能源管理公司或合同环境服务公司开拓业务的独有效果。

与上一问题的思路相同，对于实施节能环保投资项目的企业，我们依然分别从单个企业和企业集团两种情形来探讨其相应的交易结构与流程。

2. 合同能源管理公司或合同环境服务公司作为承租人，为单个或集团的耗能或污染企业服务时的交易结构与流程

基于我国节能环保产业发展的现状，当耗能或污染企业需要实施节能或污染治理的项目时，可依托于专门从事节能环保技术开发与服务的合同能源管理公司或合同环境服务公司，来为其提供全方位的节能或污染治理的技术开发、设备投放、节能与污染治理设备的运营管理等综合服务。

当合同能源管理公司或合同环境服务公司为耗能或污染企业提供全方位服务时，设备投资给这些公司带来了巨大的压力。为了缓解资金压力，合同能源管理公司或合同环境服务公司，可采用融资租赁的方式，作为节能环保融资租赁项目中的承租人，通过租入节能环保项目所需设备来进行设备投放，实现耗能或污染企业的节能与环保治理。

由于这一交易结构，在节能租赁项目中已取得较为成功的实践，所以为了表达方便，我们下面将先以节能租赁中所涉及的当事人和流程为例来进行分析（但在相关环节，也将合同环境服务公司表示出来）。

耗能企业根据自身节能的需要，选择合适的合同能源管理公司为其实施合同能源管理项目。合同能源管理公司要为耗能企业设计节能方案，承诺节能收益，并特别规定，由合同能源管理公司为耗能企业提供所需的节能设备。双方（或组合进出租人后形成三方）签订《合同能源管理合同》，同时，根据上述协议，为减少合同能源管理项目的资金占用量，合同能源管理公司与第三方融资租赁公司或节能设备厂商附属融资租赁公司签订融资租赁合同，以承租人的身份，取得该耗能企业所需的节能设备，并以提供包括设备在内的全方位节能服务的方式，将节能设备安装在耗能企业的节能项目上使用，并预先与出租人、耗能企业协商妥当租期结束时节能设备的处置方式。作为接受节能服务的耗能企业，既可以是单个的企业，也可以是企业集团，其交易模式分别如图 5-4 和图 5-5 所示。

图 5-4 中交易流程如下。

（1）合同能源管理公司与耗能企业签订技术服务性质的《合同能源管理合同》，根据合同规定将向其提供包括节能设备购置安装在内的全方位的节能服

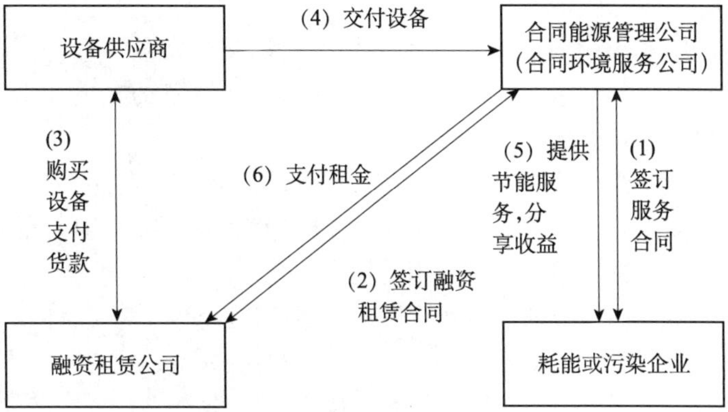

图 5-4　合同能源管理公司（合同环境服务公司）作为承租人的交易结构

务，并承诺节能收益。

（2）合同能源管理公司与融资租赁公司签订融资租赁合同，并选定耗能企业所需节能设备；通常，租赁期要与合同能源服务期限相结合，以保证用节能效益偿还租金。

（3）融资租赁公司与设备供应商签订买卖合同，购买租赁物，支付货款。

（4）设备生产商向合同能源管理公司交付设备。

（5）合同能源管理公司为耗能企业提供设备安装、调试、运营管理等全方位节能服务，并按合同规定分享节能收益。

（6）合同能源管理公司向融资租赁公司支付租金。

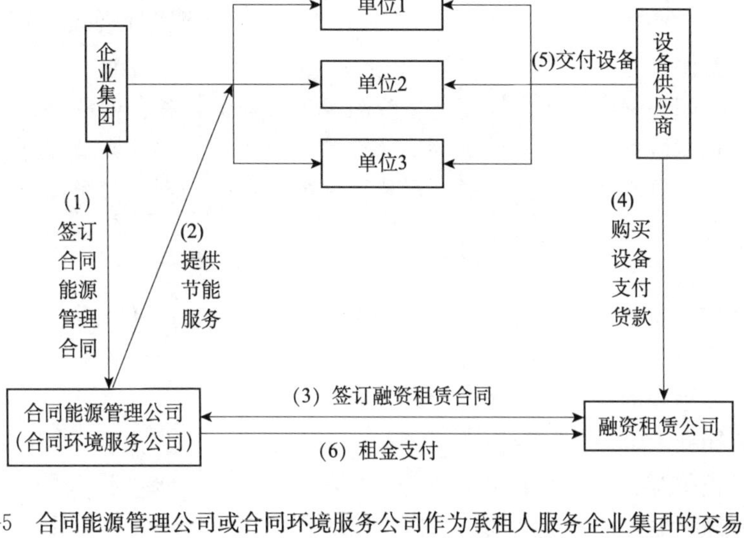

图 5-5　合同能源管理公司或合同环境服务公司作为承租人服务企业集团的交易结构

图 5-5 中交易流程如下。

（1）耗能企业集团与合同能源管理公司签订合同能源管理合同，合同能源管理公司负责向耗能企业集团下属各单位提供节能设备的投放、安装、运营维护等全方位的服务，并保证节能收益。

（2）合同能源管理公司向企业集团下属各单位提供节能服务。

（3）合同能源管理公司根据项目特点选定节能或污染治理设备供应商，与融资租赁公司签订融资租赁合同，租赁期应与合同能源服务期限结合起来。

（4）融资租赁公司与节能或污染治理设备供应商签订购买合同，购买设备，支付货款。

（5）设备供应商向企业集团下属各单位交付设备。

（6）合同能源管理公司向融资租赁公司支付租金。

对于环保租赁项目，在绝大部分环节，只要将耗能企业替换为污染企业，将合同能源管理公司替换为合同环境服务公司后，其效果是相同的。只是受污染治理项目本身特征的限制，在一些情况下，污染项目的治理，不可能像节能项目那样形成直接的现金流效益。在这种情况下，合同能源管理公司承诺节能效益等结构安排，就无法适用于合同环境服务公司的污染治理项目的租金支付的安排。

3. 以节能环保技术服务公司为承租人模式的适用性及效果

以节能环保技术服务公司作为承租人理顺了节能环保产业链上企业之间的交易关系，具体如下。

与以耗能企业等为承租人的模式不同，以合同能源管理公司或合同环境服务公司等节能环保技术服务公司为承租人的交易模式，突显了节能环保融资租赁的特性，通过融资租赁公司的介入，可理顺节能环保产业链上各个企业之间的交易关系，为节能环保产业的投融资构建一个可对接银行信贷或资本市场的投融资平台。

根据节能环保产业的发展需要，合同能源管理公司和合同环境服务公司等节能环保技术服务公司对耗能和污染企业的服务程度越高，则节能环保产业的发展程度也就越高。但是，节能环保技术服务公司的强项是技术服务，发展时间短，资金实力不足，则是其天然的短板。

以我国目前已有较成功实践的公司为例，当合同能源管理公司为耗能企业提供包括节能设备在内的全方位节能服务时，其依靠自身的财务能力，只为有限的耗能企业提供节能减排服务，节能效果十分显著。但合同能源管理公司一旦扩大节能服务的范围，资金的制约立刻突显。并且，当合同能源管理公司以全方位节能技术服务的方式为耗能企业提供服务时，节能设备的使用人是耗能企业，设备所有权归合同能源管理公司，而合同能源管理期限结束后，耗能企业又希望拥有节能设备。这样的结构，使得合同能源管理公司与耗能企业之间的关系复杂和混乱。加之我国商业银行因风控的考虑而不愿接受动产抵押的贷款发放，从而使合同能源管理公司也无法以设备为基础对接银行等金融市场。所以，这种交易结构的天然制约，已成为合同能源管理公司发展过程中最大的瓶颈之一。

但是，通过运用融资租赁机制，完善合同能源管理项目，则可有效地解决我国现阶段中关于合同能源管理政策中的交易性质不清、资产归属不明、交易性质重叠等多方面的问题。

在耗能企业、合同能源管理公司和节能设备制造商之间引入融资租赁公司，通过构建节能融租的交易平台，可清晰地实现“一个财产，二个关系，三权平等、四权分解”的资产、产权和交易关系（图 5-6）。

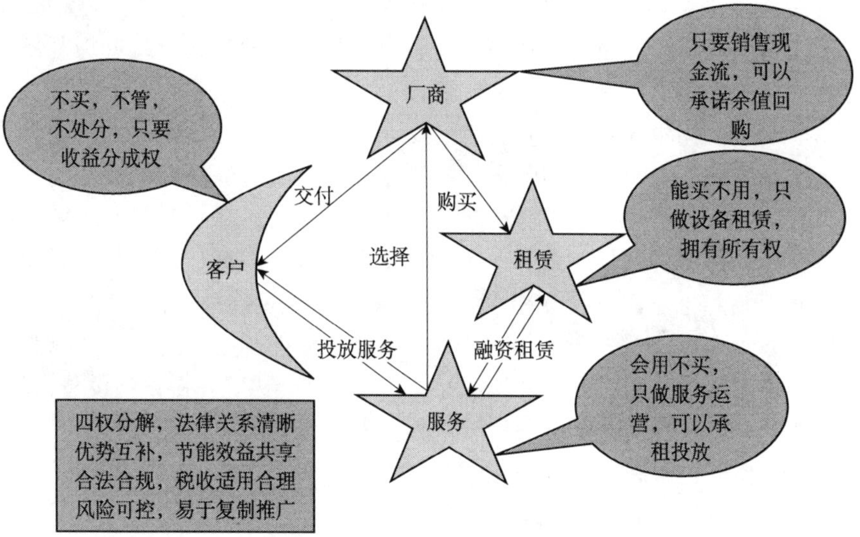

图 5-6　节能租赁交易机制

运用租赁机制促进节能环保，节能环保要靠多个主体、合理配置资源来推动节能环保的发展。对于节能环保项目所用的资产，由于不同的理念、不同的想法，最明显地体现了“一个财产，二个关系，三权平等、四权分解”的关系，即一个节能环保资产，该资产可以自购、自管、自用，也可由节能环保技术服务公司投入；二个关系是指在采用租赁方式下，节能环保资产的归属关系与使用关系；而三权平等是指保障节能环保资产所有人的所有权，不属于破产财产，保障客户平等享有节能环保资产的使用权，保障担保人利益的担保物权这三项权利具有平等关系。四权分解，即耗能单位只想分配收益，租赁公司要所有权保障，节能服务商占有使用，制造商承诺回购、处分余值，节能环保资产的所有权、占有、使用权、收益权和处分权得到分解。

通过这种以节能环保技术服务公司为承租人的节能环保租赁模式，使节能环保产业链上各个企业之间形成了这样比较清晰、恰当的关系。

首先，对于节能环保技术服务公司而言，第一，节能环保技术服务公司与被服务的耗能或污染企业之间是全方位技术服务的关系；节能环保技术服务公司不仅为企业提供提高能效和治理污染的技术服务、人员培训等，还提供节能环保所需的设备，甚至是这些设备的运营与维护。第二，节能环保技术服务公司，通过融资租赁的方式，解决了节能环保设备的融资需求。第三，在节能环保技术服务期内，节能环保设备在会计上属于合同能源管理公司或合同环境服务公司，由合同能源管理公司或合同环境服务公司计提折旧，节能环保技术服务公司可以利用政策加速节能环保设备的折旧期限，尽快收回投资。所以，合同能源管理公司或合同环境服务公司可在获得税前抵扣折旧资源的同时，享受国家有关节能环保的税收优惠政策。所以这种模式比较适合纳税能力强的节能环保技术服务公司和纳税能力弱的能源用户。

其次，对于耗能或污染企业而言，第一，通过与节能环保技术服务公司签订相关的技术服务合同，通过向合同能源管理公司或合同环境服务公司等支付节能环保技术服务费用，而与其形成了服务的关系。第二，耗能或污染企业所支付的节能环保服务费用可直接作为企业的经营管理费用而税前扣除。第三，特别是对于耗能企业而言，耗能企业可以仅用节能效益来支付节能服务费用，弥补合同能源管理公司的全部投入。第四，在合同能源管理期满，耗能企业向合同能源管理公司支付完毕相关款项后，还可按合同约定获得该项设备。于是，耗能企业的节能项目，在合同期内可以做到零投入、零负债和零风险。从而极大地提高了耗能企业进行节能投资的主动性。

最后，对于包括融资租赁公司在内的整个节能环保项目而言，由于融资租赁公司的支持，节能环保技术服务公司与耗能或污染企业之间形成了清晰的技术服务关系。而节能环保技术服务公司与融资租赁公司之间是节能设备的租赁关系，在租期（通常与合同能源管理期限等长）内，该设备的法律所有权属于出租人，于是通过出租人，可使该项目对接商业银行的债权保理或者是资本市场的债券发行。对于商业银行而言，因其融资租赁公司可以以节能环保设备的所有权、节能环保用户支付的技术服务费的现金流做保障，其信贷的发放可以符合银行贷款的风控指标，从而使绿色信贷变为可行。于是，由于对接了金融市场，从根本上解决了节能环保投资项目的资金来源问题。

从现有的实践来看，这一租赁模式已在合同能源管理项目中得到实践。合同能源管理公司与节能融租的结合，打通了节能服务企业与银行贷款的屏障，使得绿色信贷的发放，既解决了合同能源管理公司资金需求问题，又符合了银行授信的风控要求，真正做到了绿色金融与节能减排的可持续发展。对于环保项目而言，那些通过治理污染物也能产生现金收益的项目，可直接复制合同能源管理公司作为承租人的租赁模式；而对于那些无法产生收益的污染治理项目，虽然需要污染企业负担技术服务费用，但清晰的产业链上的企业之间的关系，也有助于环保治理项目的开展。

三 政府和事业单位节能设备的政府采购与融资租赁

我国政府和事业单位节能设备的政府采购市场有巨大潜力，为加快节能减排的推广实施，政府急需加快设备配置进度，扩大配置范围，但由于资金的限制，政府有利用其财政预算为保障，实施分期付款的需求。对节能设备厂商而言，一方面，政府采购的大规模使其对节能设备厂商具有巨大吸引力，而另一方面，如果对政府采购开展分期付款业务，则资金无法迅速回笼，资金短期内则直接影响厂商的正常生产经营，加上政府采购规模大，占用的资金量更大。这样，政府和设备供应商都陷入两难境地，政府要节能减排设备，但无力承担一次性的大规模资金支付；节能设备厂商想争取政府采购这一大客户，但分期付款将使其承担沉重的资金压力。因此，政府和节能设备厂商缺乏一个有效的节能设备的投融资平台，而融资租赁则可以很好地解决这一难题。

政府通过招标或其他方式选择好设备供应商并签订设备购买合同后，将设备购买合同转让给融资租赁公司，同时签订节能设备租赁合同，由融资租赁公司出资购买设备，政府从融资租赁公司那里租赁设备，按期交付租金即可，这样既避免了政府实施节能减排的一次性大规模支付，又保证了节能减排项目的顺利开展。对设备生产商而言，既实现了设备的销售，又实现了资金的迅速回笼。所以，融资租赁为政府节能减排项目和节能设备供应商搭建了一个有效的设备投融资平台。融资租赁服务政府节能减排采购基本流程示意图如图 5-7 所示。

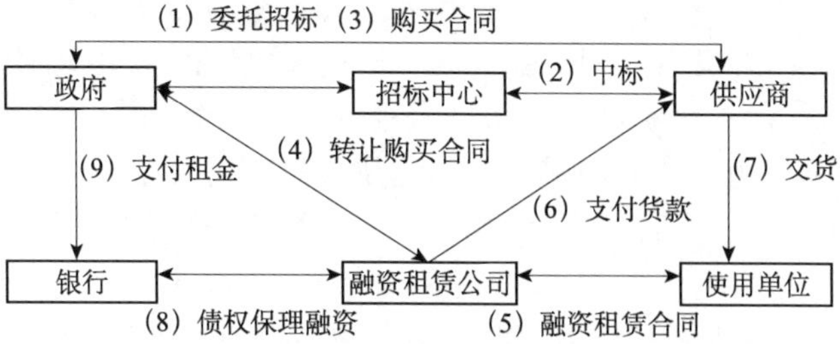

图 5-7　政府节能设备的政府采购与交易结构

其交易流程如下。

（1）政府委托招标中心选择设备供应商（也可以是用其他方式选择设备供应商，这里仅以招标方式为例）。

（2）确定设备供应商。

（3）政府与设备供应商签订设备购买合同。

（4）政府将设备购买合同转让给融资租赁公司，由融资租赁公司购买设备。

（5）融资租赁公司与设备使用单位签订融资租赁合同。

（6）融资租赁公司向设备供应商支付设备款。

（7）设备供应商向使用单位交付设备。

（8）融资租赁公司向银行申请债权保理融资（这是融资租赁公司融资的方式，也可以用其他可行的融资方式，如银行贷款，如果融资租赁公司资金充足，也可用自有资金，这里仅以债权保理融资为例说明融资租赁服务政府采购的基本流程）。

（9）政府定期向银行交付租金（如果融资租赁公司使用自有资金购买设备，为申请银行保理业务，则政府定期将租金交给融资租赁公司）。

融资租赁服务政府采购的优势是采用分期支付资金的方式，减少了政府一次性大规模支出，空闲资金可用于增加节能设备投放速度和规模，加快政府和事业单位节能设备的配置进度，扩大配置范围，促进节能减排事业的推进；对厂商而言，扩大了产品的销售，实现了资金的迅速回笼；对融资租赁公司而言，政府采购业务有政府的信用做保障，大大降低了融资租赁公司的风险。此外，政府采购的大规模较有利于融资租赁公司增加实力，扩大规模。

四 更多融资租赁交易方式在节能环保产业中的灵活应用

在前三个问题中，我们是以节能环保产业链的特征为主线，以节能环保产业中的相关企业为出发点，探讨了不同节能环保交易主体运用融资租赁的方式与适用性。而节能环保融资租赁交易结构的魅力在于，节能环保融资租赁，还可以从多种融资租赁交易形式的角度出发，将上述每一种节能环保交易主体对融资租赁交易形式的运用，进一步深化，进而又可以派生出多种节能环保融资租赁交易的交易结构，形成更为丰富的节能环保投融资效果。

结合国际融资租赁业的发展实践和我国融资租赁市场的发展现状及未来的发展趋势，我们发现，就目前阶段而言，融资租赁业中的经营性租赁、出售回租、税务杠杆租赁和或有租金租赁等融资租赁交易形式，可以在我国节能环保产业中推广应用，并可形成更具租赁融资特色与效果的节能环保融资租赁交易结构。

1. 在节能环保产业中应用经营性租赁，突显节能环保资产融资的特性

经营性租赁是真正能够体现租赁融资特性的交易方式，也是当前成熟融资

租赁市场国家所广为采用的交易方式。与上述节能环保直接租赁模式相呼应，经营性租赁强调的是出租人租赁投资回收的方式发生了变化。在经营性租赁交易下，出租人收回租赁设备投资的途径，并非由选定设备的节能环保承租人全额承担，而是通过在确定租金时留有余值的方式，来自主地承担余值部分的风险。这样，减小了节能环保承租企业的还租压力，租期结束时，租赁设备的所有权的处置方式，承租企业可以选择退租，也可选择续租或留购，资产处置更加灵活多样。

1）节能环保经营性租赁的交易结构

节能环保经营性租赁的交易结构，在与节能环保产业链相结合的各个方面，与上述不同类型节能环保承租人直租模式均完全相同，只是因出租人未能通过选择设备的承租人收回全部租赁投资，而使得租期结束时，租赁设备的所有权处置方式上，出租人拥有了相对的主动权。下面，我们仅以单个耗能或污染企业作为承租人为例，来说明经营性租赁的交易结构（图 5-8）。

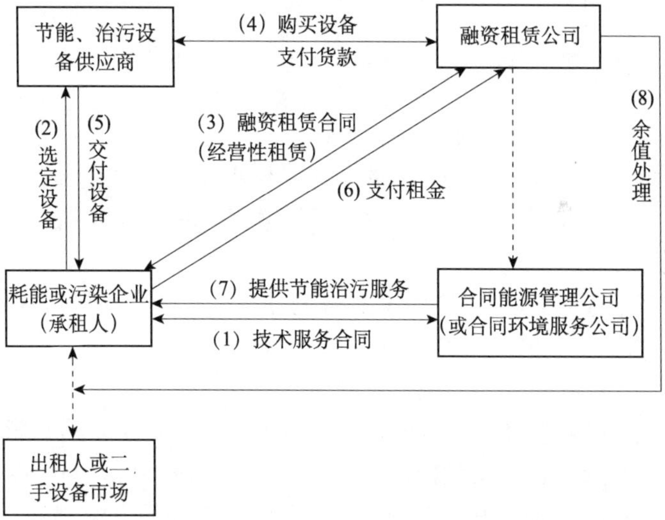

图 5-8　单个耗能或污染企业作为承租人的经营性租赁交易结构

其交易流程如下。

（1）合同能源管理公司（或合同环境服务公司）与耗能或污染企业签订节能（或治污）技术服务合同，根据合同规定向企业提供节能（或治污）服务，承诺节能收益（或治污效果），但不承担相关设备的投资。

（2）耗能或污染企业根据节能（或治污）技术服务合同选定节能（或污染治理）设备供应商。

（3）耗能或污染企业与融资租赁公司签订融资租赁合同。通常情况下，租赁期应与合同能源管理公司的合同能源服务期限结合起来；但与全额清偿的融资租赁不同，在经营性租赁模式下，合同约定的耗能或污染企业所偿还的租金本金，最多不超过设备投资本金的90%。这就是由出租人承担投资风险的体现。

（4）融资租赁公司与节能（或治污）设备供应商签订购买合同，购买耗能或污染企业指定的设备，支付货款。

（5）设备供应商向耗能或污染企业交付设备。

（6）耗能或污染企业向融资租赁公司支付租金。

（7）合同能源管理公司（或合同环境服务公司）为能源用户提供节能（或治污）服务。

（8）合同期结束，融资租赁公司对租赁物余值进行处理。

2）节能环保融资租赁与经营性租赁的适用性及效果之比较

经营性租赁与融资租赁相对应，是各种融资租赁形式中最为重要的一对概念。在共同具备融资租赁交易基本特征的基础上，因出租人是否能通过选择设备的承租人而收回全部租赁投资，也就是是否全额清偿不同而进行的分类。特别是由于经营性租赁中出租人的非全额清偿性，使其在租赁市场、租赁会计和租赁税收等方面，都产生了与传统的债权融资所不同的特征，更突显了租赁融资的一些特性。

当节能环保产业链上的不同主体，在进行节能环保投资时，根据自身经营管理或财务需求，或是选择全额清偿的融资租赁方式，或是选择非全额清偿的经营性租赁方式，即可获得银行贷款、股权融资等其他融资方式所无法产生的融资效果。

首先，不论企业采用融资租赁还是经营性租赁，节能环保租赁融资方案中，节能环保所需设备由耗能或污染企业根据节能环保技术服务公司的建议而自主选择，即可由融资租赁公司为其出资购买。于是，在节能环保租赁融资的整个过程中，实施节能环保投资项目的耗能或污染企业，只需以其节能环保项目所产生的收益来按租赁合同支付租金，即可得到多种收益：第一，以很小的成本取得设备的收益权和使用权，解决了节能设备的融资问题，减少了期初投资；第二，可得到节能的收益。

其次，进一步而言，参考节能环保产业链上不同交易主体的盈利水平、负债比例等方面的需要，融资租赁公司还可结合节能环保承租主体的特征，为其设计具体的租赁方式：当耗能或污染企业，或是节能环保技术服务公司的盈利水平高、负债能力强时，可为用户设计全额清偿的融资租赁结构。无论是以耗能或污染企业为承租人，还是以节能服务机构为承租人，在融资租赁期间，由作为承租人的耗能企业等确认节能环保租赁设备的会计资产与负债，计提折旧。如果租赁期短于设备法定折旧年限，企业可按租期确定折旧年限，从而获得加速折旧的好处。租赁期限届满，出租人自动或以象征性价格转让租赁物的所有权给承租人。

反之，当耗能或污染企业，或是节能环保技术服务公司的盈利水平低、负债能力弱时，可为用户设计非全额清偿的经营性租赁结构。此时，对于承租企业而言，可得到的好处是：第一，实现表外融资，降低负债率，优化财务结构，有利于扩大再融资规模；第二，减轻了租期内偿还租金的压力，节约现金流；第三，租金费用可税前列支，合理合法节约企业所得税；第四，租赁期满后，承租人可选择退租或按公允市价留购或续租所用的节能环保设备。

2. 运用出售回租，盘活节能环保产业链上企业的原有资产

出售回租是融资租赁中相对于直接租赁的一种交易安排。它既是成熟融资租赁市场国家，也是我国融资租赁业当前所广为采用的交易方式。与上述节能环保直接租赁模式相呼应，出售回租方式的特点是承租人与租赁物件供货人为一体，租赁设备不是外购，而是承租人在租赁合同签约前已经购买并正在使用的设备。承租人将设备卖给租赁公司，然后作为租赁物件返租回来，对物件仍有使用权，但没有所有权。

1）节能环保出售回租的交易结构

就节能环保产业而言，对于耗能企业和污染企业或企业集团而言，均可将其已经拥有的设备（通常是早已购买并正在使用的设备），通过出售回租的方式，而获得租赁融资。并且，承租人在回租时，既可采用全额清偿的方式，也可采用非全额清偿的方式，即经营性租赁。租回方式的不同，对承租企业的财务效果也不相同。对于合同能源管理公司或合同环境服务公司而言，也可用其为用户购买的设备，在付款的同时与融资租赁公司签订出售回租合同，从而解决其融资问题。

与经营性租赁在节能环保产业中运用的思路相同，在此，我们仅就单个耗能或污染企业作为承租人的出售回租交易结构做出分析（图 5-9）。

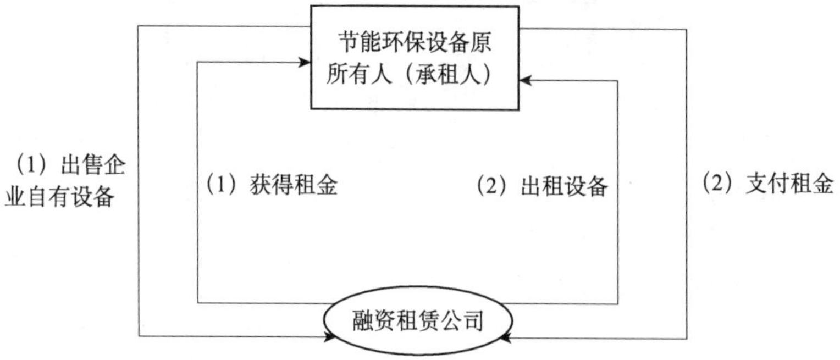

图 5-9　单个耗能或污染企业作为承租人的出售回租交易结构

鉴于上述各个交易结构中，我们已经反复表述了交易流程的各个环节的含

义。为避免赘述，我们此处省略了关于本结构中具体流程的描述。

2）效果分析

整个流程由两个合同构成，一个是设备出售合同，一个是回租合同。与节能环保产业相联系，出售资产的节能环保产业链上的主体，可以分成两种情况：第一，耗能或污染企业或企业集团，将其已经拥有的生产经营设备与融资租赁公司进行出售回租，用所筹集到的资金，投资于本企业的节能环保项目；这种情况下，采用出售回租的企业，既不影响其原有的生产经营，又筹集到了节能环保项目所需要的资金。第二，节能环保技术服务公司，当其用自有资金为客户提供了包括设备在内的节能环保全方位服务时，为了解决公司拓展新项目的资金需要问题，可将虽为用能或污染企业使用，但所有权属于节能环保技术服务公司的设备，以出售回租的方式向融资租赁公司筹集资金。只要耗能或污染企业支付的服务费用能够覆盖租金的数额，则整个节能环保链条上的各个企业即可正常地经营。

从形式上看，出售回租与抵押贷款有类似之处，都是债务人在不放弃出售或抵押的实物财产的使用权的条件下，获得融资的方式。但二者在交易的内涵上有本质的区别，出售回租是100％融资，而抵押贷款是折扣融资。另外，出售回租交易中，关键是回租的方式可以是全额清偿的融资租赁，也可以是非全额清偿的经营性租赁。于是，上述全额清偿的融资租赁和非全额清偿的经营性租赁下的各种优势，都可以在实施出售回租的节能环保承租企业中得到实现。

所以，出售回租的优势有：第一，不影响节能环保企业对原有设备的使用；第二，盘活了资产，扩大了资金来源，增加了现金流；第三，若以经营性租赁回租时，承租人获得了表外融资的效果，提高了流动资产比率，降低了负债率，有利于企业再融资；第四，对承租人有节税功能和表外融资功能。

3. 或有租金租赁，以节能效益偿还节能投资

或有租金租赁，是指租赁交易中，承租人支付租金的金额不固定，以时间长短以外的其他因素（如使用量、租赁设备的产业状况等）为依据计算租金的租赁方式。实际上，上述所有的节能环保融资租赁方式中，其租金支付的方式，均可采用或有租金的方式。例如，在节能环保设备的租赁中，融资租赁公司与节能环保承租人约定，按节能收益的50％来收取租金。

在节能环保融资租赁交易中，允许节能环保中的承租企业，采用或有租金的方式来支付租金，有着非常特殊的重要意义。这是因为，对于那些通过实施节能环保投资而能够产生效益的耗能或污染企业而言，允许其用节省的能源费用或处理污染物的收益来支付租金，则可使这些企业达到节能环保投资零投资、零风险的投资效果。

或有租金租赁虽然对实施节能环保投资的企业十分具有吸引力，但却给作为债权人的融资租赁公司带来了极大的挑战：第一，在设备投资金额确定的前提下，融资租赁公司需要能够准确地判断总的节能或污染治理效益，并根据约定的比例，估算出收回租赁投资的期限，来确定租期的长短；第二，当实际投资效益小于预期时，出租人收到的租金就可能小于其应付的债务，由此而给融资租赁公司带来敞口的风险。所以，如何准确地确定节能环保的投资效益，如何管理资金的敞口风险，成为或有租金节能环保租赁方式能否实施的关键。或有租金租赁交易结构如图 5-10 所示。

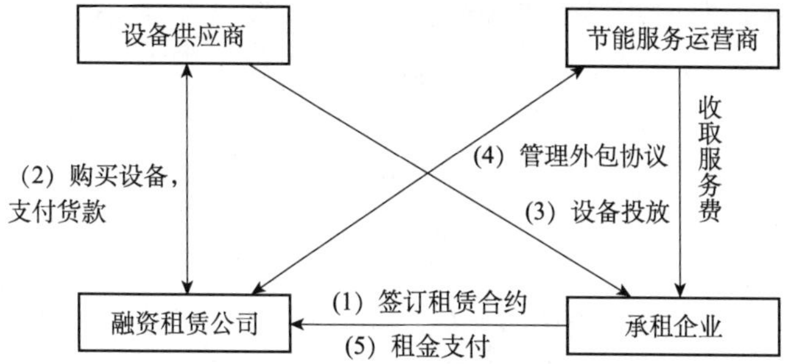

图 5-10　或有租金租赁交易结构

第五节　银租合作有效解决节能环保融资租赁公司的资金来源问题

一　节能环保融资租赁下银租合作的必然性

企业通过融资租赁解决了节能减排设备的融资问题，资金的来源是融资租赁公司，而融资租赁公司的资金来源是什么呢？如果融资租赁公司没有有效稳定的资金来源，那么融资租赁服务节能减排只能是纸上谈兵。目前融资租赁公司的主要资金来源是自有资金、银行信贷、租赁保理。

从宏观来看，融资租赁行业的诞生和发展是各国经济发展到一定阶段的必然现象和趋势。融资租赁的设备市场渗透率（租赁设备总额占设备销售总额的比率）在发达国家平均达到了 20%，其中美国更是达到了 30%以上。从微观上来看，选择融资租赁而不是贷款是企业在一定条件下的必然选择：①以融资租赁核算可加速折旧，税前提取；以经营租赁核算，租金可在税前全额列支，合理合法节约企业所得税；②融资租赁是调整企业财务指标，优化财务结构的重要手段；③融资租赁是实现资产流转的重要手段。

所以一定条件下，企业会自主、主动地采用融资租赁的方式进行投资。这对银行贷款具有一种替代和挤占效应，因此融资租赁的发展首先会降低银行信贷资金的运用水平。为避免上述情况的出现，银行就必须主动加入到融资租赁中去，为融资租赁提供信贷资金。也就是说，在一个完整的融资租赁交易中，由供货商提供设备，融资租赁公司提供融资租赁操作平台，而银行则提供购买设备的大部分或全部资金，以满足承租人融资和财务处理的需要，这样，虽然承租人选择了融资租赁，但并不会降低银行的贷款规模；而银行则通过融资租赁公司继续为承租人提供信贷，可以继续将优良的企业客户留在银行体系内。

众所周知，银行的资金是最富裕的，而成本又是最低的，但其流动性过剩，这意味着银行吸收的相当一部分存款没有真实地进入实体经济部门运行中，资金使用效率严重失衡已成为我国金融运行中的一个突出现象。银行迫切希望找到良好的资金出口和渠道，银行资金的输出重点渠道之一就是与租赁、证券、信托、财务公司、汽车金融公司、担保公司等同业机构合作。融资租赁公司是银行的一个操作平台。

融资租赁公司虽然资金量远小于银行，但却有银行不具有的独特操作平台和功能，如加速折旧、表外融资、促进销售、改善财务指标、安全度高、“买卖”“破产”不破租赁等功能。在银行无追索保理融资的情况下，融资租赁公司也可以实现“表外融资”，安全退出市场，并改善财务报表。

我国的《商业银行法》规定，银行目前还不能直接开展融资租赁业务。而目前融资租赁公司85%以上的“租赁资金”均来源于银行，获得当地银行的信贷或保理融资支持是融资租赁公司开展经营活动的重要前提。融资租赁公司面对众多的租赁客户需求，实际上扮演的是银行资金批发商的角色，是银行资金的一个非常重要的出口和通道，是一个很好的操作平台。

二 银行支持融资租赁公司的方式

银行支持融资租赁公司最主要的方式，就是为租赁项目提供融资。租赁项目融资业务，是指银行对融资租赁公司发放专项融资，专用于融资租赁公司购买租赁资产出租给承租人使用，并以承租人支付的租金归还银行融资，或者银行购买融资租赁公司的应收租金后直接向承租人收取租金的业务。

租赁项目融资包括贷款业务和保理业务。租赁项目贷款业务是指银行向融资租赁公司发放贷款，或者向承租人授信、融资租赁公司用信，专用于其购买租赁设备出租给承租人使用，并以向承租人收取租金归还贷款本息的业务。

租赁项目保理业务是指租赁公司开展租赁业务，形成应收租金后，将应收租金出让给银行，由银行向承租人收取租金，银行保留或不保留对融资租赁公司追索权的业务。两种融资方式都来自银行，但二者存在本质区别（表 5-1）。

表 5-1　贷款业务和保理业务的区别比较

项目	贷款	保理
交易主题	借贷双方及担保方	债权出/受让方，承租方，债权回购方，独立于出/受让方的监管账户
业务性质	融资租赁公司借贷，信用融资	有追索权的债权收购、资产融资
风险评估	以融资租赁公司业绩为基础，以资产负债比例为轴心，以信用担保和设备抵押为依托，审查借款主题，以信用风险评估为主	以与资产对应的现金流为基础，以风险和收益对称与否为轴心，以债权及资产回购为依托，审查资产收益，以项目风险评估为主
盈利模式	利差收益	债权收益、保理收益等中间业务
风险控制	信用担保、融资租赁公司资产的抵押物变现优先受偿作为保障，银行无法在企业使用期间对设备采取技术手段控制	账户监管、债权回购、租赁保证金、不属企业破产资产的租赁抵押物变现或处置的全额受偿为保障，可采用卫星定位、停机等技术控制手段
退出机制	以融资租赁公司信用为基础、银行信用为保障的资产证券化	以资产收益为基础、银行信用为保障的资产证券化

三 节能环保融资租赁的银行保理

租赁项目保理业务的基本流程：

首先，融资租赁公司利用自有资金或向银行贷款，按承租人的要求购买租赁物再融资租赁给承租人；根据保理合同，融资租赁公司将应收租赁债权转让给保理银行，银行受让、收取租金的权利，给融资租赁公司提供保理融资，由银行直接向承租人收取租金，供货商提供回购担保。

其次，视承租人还租能力或担保信用情况，银行可按无追索保理执行或者按有追索保理执行。无追索保理对融资租赁公司而言是一种“表外融资”。当租金出现逾期或不能支付的情况时，如果银行和融资租赁公司约定有追索权，承租人到期未还租金时，融资租赁公司须根据约定向银行回购银行未收回的融资款，供货商或“其他第三方”提供租金余值回购保证或物权担保的，由供货商或其他第三方向银行回购银行未收回的融资款。如果是无追索保理，则保理银行不得对融资租赁公司追索，只能向承租人追偿。

实际操作中，租赁项目保理业务主要操作模式有以下四种。

1. 普通租赁保理融资

普通租赁保理融资是一种保理银行针对“通常情况下”的融资租赁业务的应收租赁款进行的保理融资，是对“已形成租金”的应收账款的保理融资（先交付后保理)。这在实务中比较多见，操作也比较简单。在此模式中，融资租赁公司与承租人签署了融资租赁合同，也与供货商签署了买卖合同，货款及设备均已交付，已形成融资租赁公司的“应收租金”。融资租赁公司需要在银行对已形成的租金进行保理。用于解决“承租人实力强大，供货商弱小”租赁交易架构中的“收款”问题。

普通租赁保理融资交易流程见图 5-11。

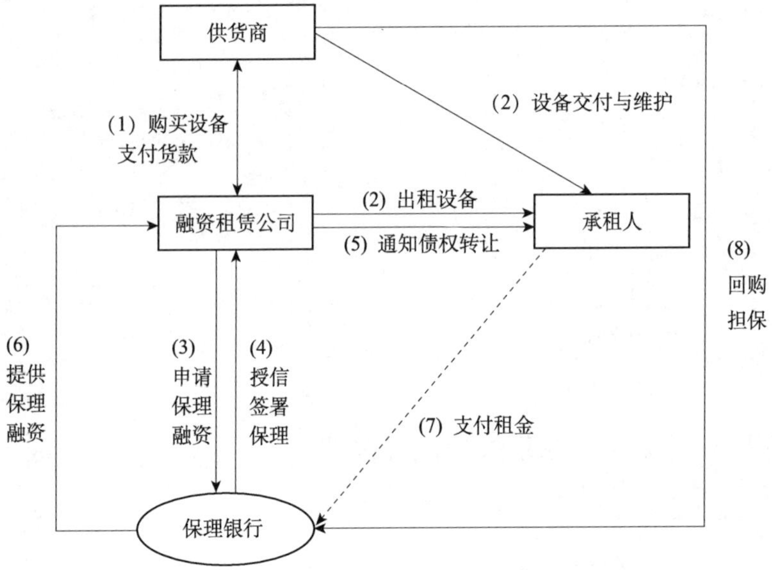

图 5-11　普通租赁保理融资交易流程图

2. 结构性租赁保理融资模式

结构性租赁保理融资模式是一种针对“即将形成租金”的直接租赁保理融资模式，是一种突破性的解决融资租赁公司在购买环节支付货款的资金瓶颈的重要融资模式，是一种“交付前”的“结构性融资”。在此模式中，租赁当事人之间已形成附带生效条件的法律合同关系，但融资租赁公司尚未支付货款，即融资租赁公司与供货商（强大）已形成购买合同关系，融资租赁公司与承租人已形成融资租赁合同关系，供货人已承诺提供回购担保或其他第三方已提供保证或物权担保，融资租赁公司一旦支付货款，该交易结构系统的一揽子合同即刻生效，融资租赁公司也随即获得租金收取权。银行认可上述法律合同关系，并对“即将形成租金”视同“已形成租金”进行先期直接保理，但要求融资租赁公司按照“封闭运行”的规则，在获得租赁保理款项的“同时”支付给供货商，以确保银行通过先期受让所获得的租金收益权的事实存在。结构性租赁保理融资流程图如图 5-12 所示。

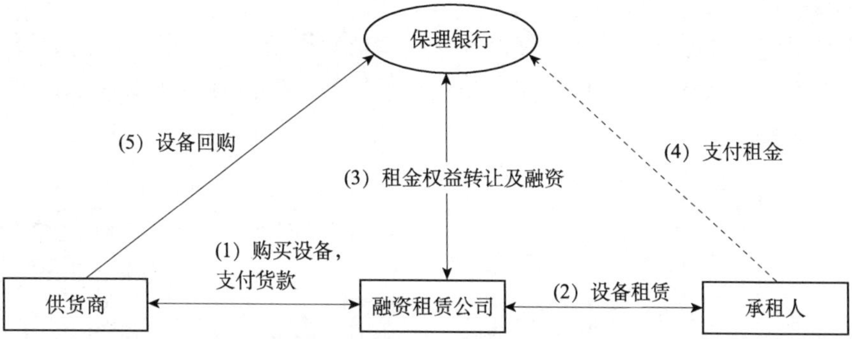

图 5-12　结构性租赁保理融资流程图

此模式用于解决“供货商强大而承租人弱小”的租赁交易架构中的“付款”问题，是融资租赁公司的优质租赁项目获得银行资金支持的一种重要融资方式。

3. 售后回租保理模式

售后回租保理模式是一种针对承租人“自有设备”进行的“售后回租”模式，用于解决调整承租人的财务结构，提高资产流动比率、速动比率问题。若承租人获得的资金部分用于归还银行贷款，则承租人负债率降低。售后回租保理模式可以设计为在会计上按融资租赁核算的融资租赁模式，无余值处理，资产记在承租人资产负债表上；也可以设计为在会计上按经营租赁核算的经营租赁模式，即“经营性回租”模式，有余值处理，租赁资产记在融资租赁公司资产负债表上，实现承租人的表外融资。售后回租保理模式流程图如图 5-13 所示。

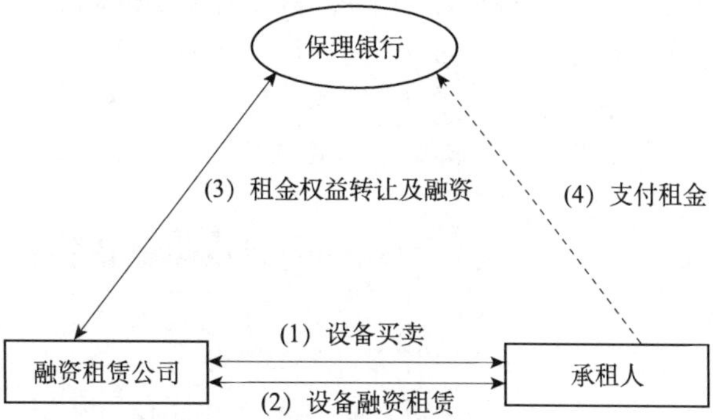

图 5-13　售后回租保理模式流程图

4. 贷款与保理结合的融资模式

贷款与保理结合的融资模式是一种针对银行认可的租赁项目，但对融资租赁公司信用有疑虑，在银行办理贷款业务后立即就同笔租赁业务向该行申办租赁保理业务的模式。为排除融资租赁公司的信用风险，在银行发放了租赁贷款后，该行立即对所形成的应收租金实施保理。在此情况下，贷款合同与保理合同应同时签订并相互支持。保理金额与贷款金额原则上应相同或保理金额低于贷款金额，保理款项必须即时直接扣还银行贷款。贷款与保理相结合的融资模式交易流程图如图 5-14 所示。

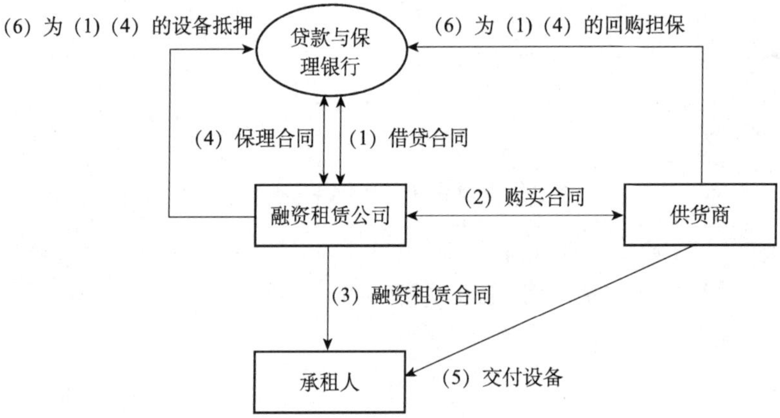

图 5-14　贷款与保理相结合的融资模式交易流程图

第六节　完善机构建设，推动我国节能环保融资租赁产业链的发展

节能环保融资租赁是一种建立在节能环保技术与设备资产基础之上的、带有浓厚的专业技术色彩的资产金融服务。因此，若要实现这一目标，建设和发展能够提供这类复合各种专项节能环保技术运用能力和专有设备管理能力的金融服务金融机构，则成为发展我国节能环保融资租赁的机构保障。

一 建立以节能环保技术为基础的专业化融资租赁公司

1. 建立专业化节能环保融资租赁公司的必要性

鉴于我国国民经济总体结构的多样性，涉及节能环保项目改造的工业、农业、城市楼宇，以及工业内部按产品大类的进一步细分，使得我国节能环保产业所服务的对象，在采用节能环保技术和设备时，也会存在很大的差异。而这种技术与设备的差异，直接影响着节能环保融资租赁交易结构的设计、投资回收期限的确定、信用风险与设备管理的手段等诸多方面。因此，只有建立结合服务对象产业结构特征的专业化节能环保融资租赁公司，才能充分而有效地发挥出融资租赁服务我国企业进行能效提高和污染治理投融资的作用。

2. 建立我国专业化节能环保融资租赁公司的路径

根据我国国民经济产业发展现状及我国融资租赁业的发展现状，我们可以从以下三条路径实现专业化节能环保融资租赁机构的完善。

首先，以合同能源管理公司或合同环境服务公司等节能环保技术服务公司为基础，通过与其第三方融资租赁公司合作或者是增加战略投资人等方式，实现合同能源管理公司或合同环境服务公司等节能环保技术服务公司向融资租赁业务的拓展或业务转型，以此来弥补我国节能环保融资租赁专业机构的欠缺。

例如，鉴于我国以煤炭为主要能源消耗的背景，可以推广建立降低煤炭消耗、提高锅炉的热能再利用等的专业化的节能融资租赁公司；或者针对我国纺织行业、制药行业和造纸行业等水污染排放比较严重的行业，而设立专注于某一类污染物治理的环保融资租赁公司等。通过这类节能环保融资租赁公司的设立，可以集约化地实现能效提高和污染物治理的效果，既有利于我国经济节能环保的实现，又有利于融资租赁公司的业务拓展和风险控制。

其次，引导节能环保设备制造商增设附属融资租赁子公司，以利于其通过融资租赁促销的方式，来推广节能环保设备。

最后，引导我国现有的银行附属金融租赁公司或独立第三方融资租赁公司关注节能环保融资租赁项目，通过在公司内部设立某一类节能环保设备或某一类节能环保承租企业所处的行业为基础的融资租赁部门，来开展节能环保融资租赁项目。在这样的部门中，融资租赁公司不仅要配备融资租赁专业的员工，还要配备相关的设备与技术方面的专业人才，从而有利于其专业化的交易结构的设计与风险控制。

3. 专业化节能环保融资租赁公司在节能环保产业链上的作用

在节能环保产业链上，专业化的节能环保融资租赁公司，可以发挥两种作用：单一的节能环保项目融资功能；综合的节能环保项目投资功能。特别是对于发挥着综合的投资功能的融资租赁公司而言，其可以为实施节能环保项目的企业提供从节能或污染诊断到能效或污染治理项目设计、所需投资的资金融通或所需设备的投资投放，以及投资项目的施工、管理、能效和污染治理效果的检测、评估、技术调试或改进等一条龙的全方位服务，充分发挥其节能环保技术与金融相结合的综合服务优势，以利于其设计符合项目特征的投融资方案，使得项目能切实有效地实施，与此同时，还要保障投资人的投资安全。在这种情况下，这种专业化的节能环保融资租赁公司，实际上就成了节能环保领域重要的投资主体，于是我国政府所颁布的各项节能环保产业政策，都应将其覆盖在内。

二 节能环保投融资项目网络平台

节能环保融资租赁机构在开展节能环保融资租赁业务时，不仅要了解耗能或污染企业进行节能环保项目的信息，还需要了解相关节能能效或污染治理效果的评估、计量与考核等方面的信息，出于对节能环保设备管理和以设备为交易载体的风险控制的需要，还需了解相关二手设备的再制造、再处置，以及二手市场等方面的信息。因此，建立能够按某一类节能环保项目而划分的、能够综合上述信息的节能环保投融资项目网络平台，为节能环保融资租赁产业链上的各个交易主体，提供其各自所需要的用户、设备、资金、资产管理、节能效益第三方指标评估等，有利于节能环保项目总筹资方与投资或融资方的相会对接，也有利于节能环保融资租赁公司客户发现、业务拓展和项目管理。

因此，应引导投资人投资建立服务于节能环保交易的信息平台，将融资租赁公司的相关信息或需求整合进该平台之内，通过提供充分的信息服务，提高耗能或污染企业、节能或污染治理企业、设备投放、资金融通等多方得以组合成功的概率。

第七节 完善政策制定，将节能环保融资租赁纳入节能环保各项政策的适用范围

为了促进我国社会的可持续发展，推动节能环保各项措施的得以实施，我国政府为此制定了许多扶植节能环保行业的优惠政策。但是，由于我国对节能环保融资租赁认知程度的不足，无论是我国的融资租赁公司还是节能环保领域的相关企业，采用节能环保融资租赁的项目较少，从而造成我国政府部分在制定有关节能环保的税收政策、产业政策时，常常忽略了融资租赁的存在，从而导致已有的各项政策在企业采用节能环保融资租赁时而难以适用。

因此，为改变这种状况，我们可在以下三方面努力。

第一，我国今后在制定有关扶持节能环保产业发展的各项政策时，务必要将节能环保融资租赁方式考虑进来，特别是对于发挥着节能环保项目投资作用的融资租赁公司而言，应该使其与其他节能环保投资项目投资人一样，享有相同的投资促进或税收优惠待遇的资格。

第二，对于已有的各项节能环保融资租赁投资税收政策，应该通过适当途径，调整政策适用范围，在节能环保投资项目中，如果融资租赁公司是节能环保项目的真正投资人，则应将融资租赁公司纳入优惠政策适用范围。

例如，有关节能环保的效益财政补贴，如果是融资租赁公司投资的节能环保项目，并承担了能效投资的风险，则应允许融资租赁公司成为节能环保投资

项目财政补贴的对象。

第三，由国家发改委、财政部、中国人民银行、国家税务总局联合制定的《关于加快推行合同能源管理促进节能服务产业发展的意见》，并由国务院办公厅于2010年转发通知，要求各地区各部门结合实际认真贯彻执行。在《关于加快推行合同能源管理促进节能服务产业发展的意见》中，分别从“加大资金支持力度”和“实行税收优惠政策”两个方面，为推动我国合同能源管理的发展，给予了很大幅度的政策支持，特别是对实施合同能源管理项目的合同能源管理公司的营业税、节能设备的折旧计提和公司的所得税，以及转让节能设备时的增值税等方面，都给予了有利的税收扶持政策。为此，我们建议，应该同时将上述税收扶持政策覆盖节能环保融资租赁项目，即如果是融资租赁公司承担了节能环保设备的投资、设备的管理、以节约的能效来回收投资等安排时，节能环保融资租赁公司，事实上是发挥了合同能源管理公司的功能，因此，首先应该允许其享有上述扶持政策的资格；其次，应该在政策覆盖的规定中，考虑到节能环保融资租赁交易，只要是符合国家节能环保的政策目标，就应允许从事节能环保项目的融资租赁公司与合同能源管理或合同环境服务公司，根据投资项目的安排，灵活地分配政府的扶持政策。

参 考 文 献

陈明生，康琪雪，刘蜜蜜．2011. 节能环保视角下大都市产业空间结构的行程——以北京市为例．经济问题探索，(4)

陈诗一．2010. 节能减排与中国工业的双赢发展：2009—2049. 经济研究，(3)

陈迎．2000. 环境经济学与可持续发展问题研究综述．世界经济，(3)

程刚．2012. 中国节能服务业的产业成熟度分析．中国电力，45 (4)

崔志文，周毅，王蓓．2011. 建立节能环保长效机制的财税政策研究．改革与战略，(3)

杜朝运，邓秋艳．2007. 发展我国融资租赁的税收激励思考．税务研究，(4)

杜受祜．2001. 经济学的新领域：环境经济学．经济体制改革，(3)

付荣．2006. 制约我国融资租赁业发展的法律瓶颈及其破解．法学，(7)

贺宁，丁秀飞．2004. 中小企业新的融资方法——融资租赁．企业经济，(10)

胡聃，许开鹏，杨建新，等．2004. 经济发展对环境质量的影响——环境库兹涅茨曲线国内外研究进展．生态学报，(6)

黄文杰，侯玉玲，陈栋才．2006. 融资租赁基本特征、发展状态及应用空间分析．商业研究，(15)

李付梅．2011. 中小企业融资租赁研究．特区经济，(2)

林伯强，姚昕，刘希颖．2010. 节能和碳排放约束下的中国能源结构战略调整．中国社会科学，(1)

凌金良．2011. 融资租赁具有缓解中小企业融资难的独特优势．中国金融，(14)

刘淑梅，刘玉萍．2005. 我国环保产业现状分析及发展措施建议．环境科学与管理，(3)

罗丽艳．2003. 关于人口、资源、环境经济学的若干思考．经济学家，(4)

盛明泉．2003. 面对全球化的金融工具创新．财贸经济，(2)

施兵超．1998. 衍生性金融工具与金融风险管理．财经研究，(5)

史燕平．2000-03-25. 充分发挥融资租赁的五大功能．金融时报

史燕平．2004. 融资租赁及其宏观经济效应．北京：对外经济贸易大学出版社

史燕平，宫力迅．1997. 融资租赁在韩国经济发展中的作用．世界经济，(7)

苏明，傅志华，包全永．2005. 鼓励和促进我国节能事业的财税政策研究．财政研究，(2)

孙勤．2007. 基于融资租赁的民营企业融资模式研究——以江苏为例．财贸经济，(10)

唐锋，贺武，魏淑娟．2006. 中外融资租赁业发展比较及经验借鉴．特区经济，(1)

王东强，田书芹．2008. 融资租赁风险分析和防范体系重构．财务与金融，(3)

王琳，肖旭，许家林．2011. “政府—企业”节能减排互动机制研究．中国人口资源与环境，(6)

王旸．2008. 衍生金融工具基础法律问题研究．法学家，(5)
王应科．2006. 我国建立节约型社会的税收政策选择．税务研究，(2)
谢小燕，聂富强，王青华．2004. 关于金融工具分类的若干思考．财经科学，(2)
杨海生，贾佳，周永章．2006. 不确定条件下环境政策的时机选择．数量经济技术经济研究，(1)
原毅军，耿殿贺．2010. 环境政策传导机制与中国环保产业发展——基于政府、排污企业与环保企业的博弈研究．中国工业经济，(10)
张钢，张小军．2011. 国外绿色创新研究脉络梳理与展望．外国经济与管理，(8)
张三峰，卜茂亮．2011. 环境规制、环保投入与中国企业生产率——基于中国企业问卷数据的实证研究．南开经济研究，(2)
朱武祥．2000. 资产证券化与保险资金投资增值——兼论构建我国资本市场有效的微观信用基础及投资级金融工具．经济研究，(9)
Callimaci A，Fortin A，Landry S．2011. Determinants of leasing propensity in Canadian listed companies. International Journal of Managerial Finance，7 (3)
Carretta A，Nicolini G. 2009. Pricing the lease during the contract：an in-progress approach to lease evaluation. Managerial Finance，35 (10)：841－859
Krabbe J J. 1990. Environmental welfare economics：implications for technology，wages and incomes. International Journal of Social Economics，17 (1)
Lasfer M. 2007. On the financial drivers and implications of leasing real estate assets：the Donaldsons-Lasfer's Curve. Journal of Corporate Real Estate，9 (2)
Regalli M，Tagliavini G. 2004. A new approach for estimating the tax advantage of leasing. Management Research News，27 (3)
Singh A. 2011. A restaurant case study of lease accounting impacts of proposed changes in lease accounting rules. International Journal of Contemporary Hospitality Management，23 (6)
Thampapillai D J，Thangavelu S M. 2004. Towards unitary economics：valuation of environmental capital for environmental stewardship. International Journal of Social Economics，31 (4)
Ward C W R. 1983. Financial analysis of leasing decisions and property investment. Journal of Property Valuation and Investment，1 (1)
Watson M A，Emery R T. 2000. Law，economics and the environment：a comparative study of environmental management systems. Managerial Auditing Journal，19 (6)
Weiss J. 2000. Some reflections on project economics and environmental issues：a development economist's perspective. Journal of Economic Studies，27 (1/2)

附录一

融资租赁交易与节能环保及相关政策的问卷调查统计结果
——从融资租赁公司的视角

本次问卷调查的对象是参与外商投资企业协会融资租赁专业委员会 2011 年会议的我国融资租赁行业从业人员。参会的代表不仅包括外商投资的融资租赁公司，同时也包括了我国金融租赁公司和内资试点企业的融资租赁公司的高管和业务经理，并且参与问卷调查的被访人员在公司的层次较高。因此，本次问卷调查，无论是从我国融资租赁公司覆盖面的角度，还是从每个公司内部决策层的角度，都有较强的代表性。

本次调查，共发放调查问卷 230 份，回收有效调查问卷 55 份；有效回收率为 24%。相关调查结果统计如下。

一 受访对象的基本信息分布

1. 受访对象所在公司所属的类别

公司类别	频数/人	频率/%	累计频率/%
外资厂商	4	7.69	7.69
外资金融	9	17.31	25
外资第三方	9	17.31	42.31
内资厂商	8	15.38	57.69
内资金融	13	25.00	82.69
内资第三方	9	17.31	100.00
总计	52	100.00	

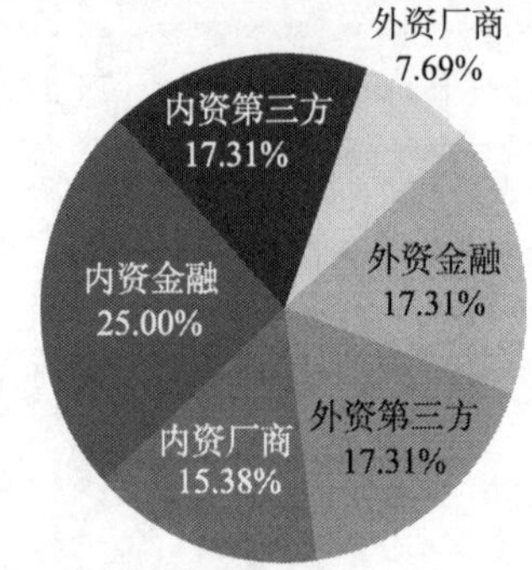

2. 受访对象所在公司的成立时间

公司成立时间	频数/人	频率/%	累计频率/%
2007 年及之后	29	51.79	51.79
2000～2006 年年底	15	26.79	78.57
1999 年以前	12	21.43	100.00
总计	56		

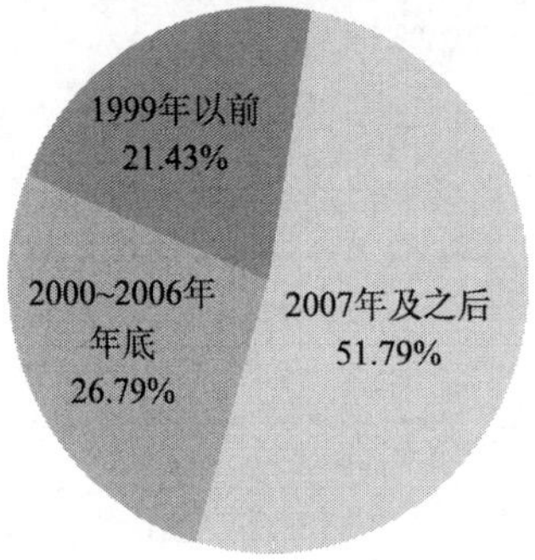

3. 受访对象在公司的职位分析

职位	频数/人	频率/%	累计频率/%
高层	25	46.30	46.30
中层	20	37.04	83.3
业务经理	5	9.26	92.59
一般员工	4	7.41	100.00
总计	54		

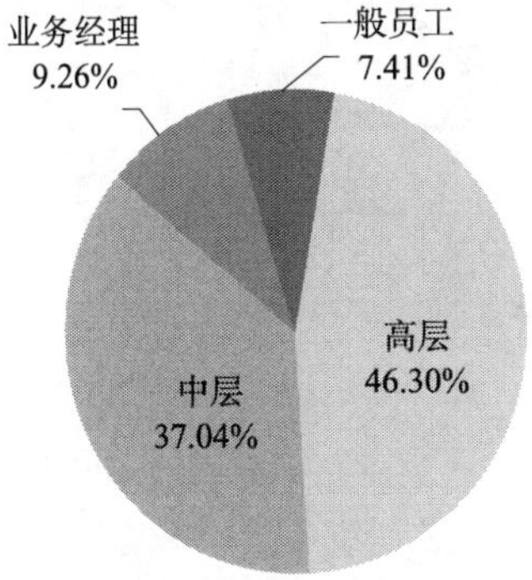

4. 受访对象的从业年限分析

年限	频数/人	频率/%	累计频率/%
10 年以上	22	40.74	40.74
5～10 年	12	22.22	62.96
5 年以下	20	37.04	100.00
总计	54		

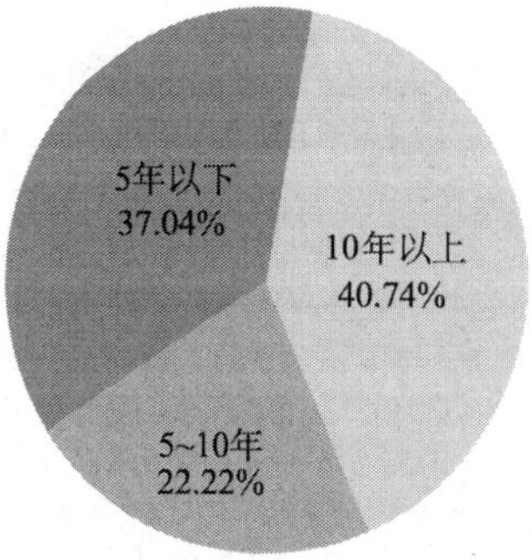

二 受访对象对节能减排融资租赁的了解程度统计分析

1. 受访对象对节能减排的含义以及我国有关节能减排政策的了解程度分析

了解程度	频数/人	频率/%	累计频率/%
很熟悉	3	5.56	5.56
比较了解	16	29.63	35.19
一般	31	57.41	92.59
几乎不了解	4	7.41	100.00
总计	54		

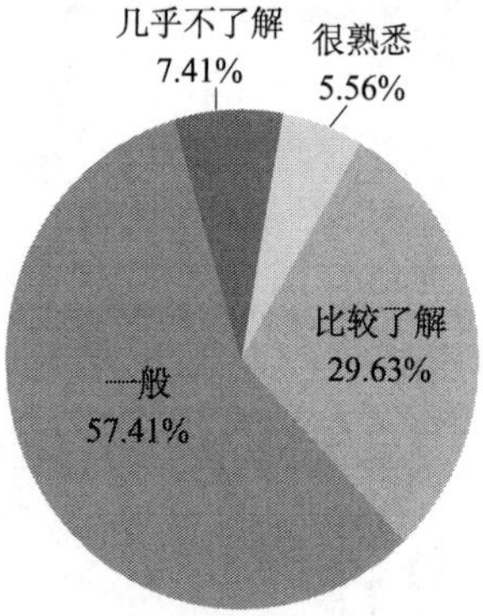

2. 受访对象认为哪些领域的节能环保将成为融资租赁公司关注的重点统计分析

领域	频数/人	频率/%	累计频率/%
工业	45	32.37	32.37
基础设施	26	18.71	51.08
楼宇	13	9.35	60.43
家居生活	1	0.72	61.15
建筑行业	18	12.95	74.10
交通行业	28	20.14	94.24
农业	8	5.76	100.00
总计	139		

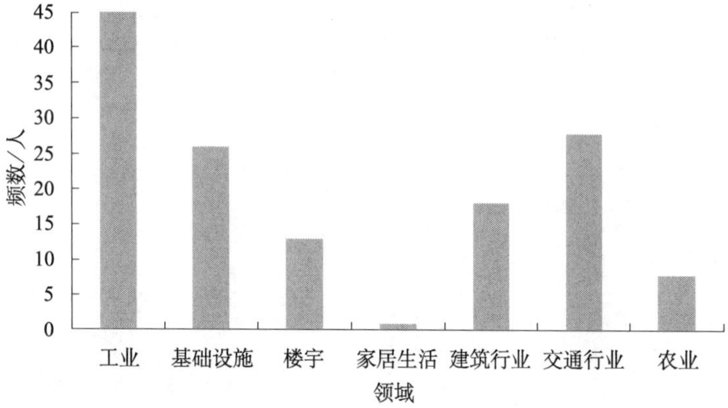

3. 受访对象认为融资租赁公司开展节能减排融资租赁项目的最大风险的统计分析

最大风险	频数/人	频率/%	累计频率/%
节能技术的成熟度	41	61.19	61.19
客户自身的风险	15	22.39	83.58
交易本身的风险	10	14.93	98.51
自然的风险	1	1.49	100.00
总计	67		

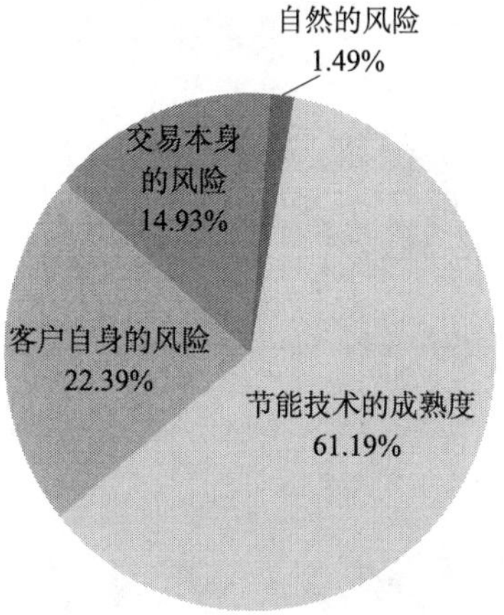

4. 受访对象认为融资租赁公司进入节能减排领域的障碍统计分析

进入障碍	频数/人	频率/%	累计频率/%
人才	17	22.67	22.67
合作伙伴	22	29.33	52.00
节能减排市场普及度	34	45.33	97.33
其他	2	2.67	100.00
总计	75		

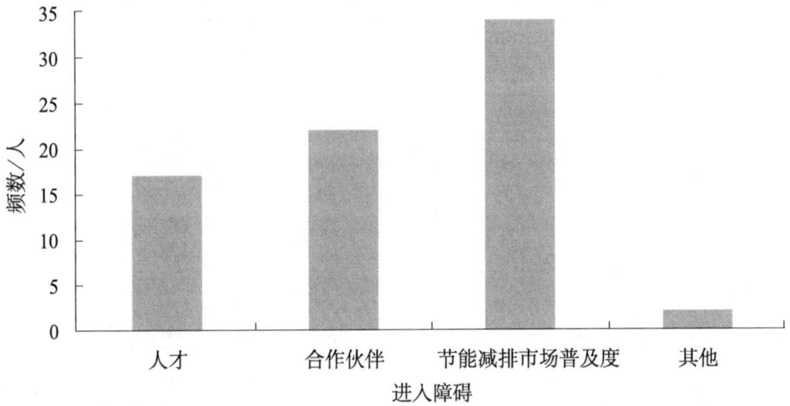

5. 受访对象认为融资租赁公司开展节能减排融资租赁项目最大的挑战统计分析

最大的挑战	频数/人	频率/%	累计频率/%
政策与法律法规等外部环境	17	30.91	30.91
自身的经营理念与交易安排能力	24	43.64	74.55
融资租赁公司的融资途径与能力	14	25.45	100.00
总计	55		

6. 受访对象对融资租赁公司开展节能减排项目的了解程度统计分析

了解程度	频数/人	频率/%	累计频率/%
已有成熟的商业模式	10	19.61	19.61
在关注或学习中	33	64.71	84.31
不清楚	8	15.69	100.00
总计	51		

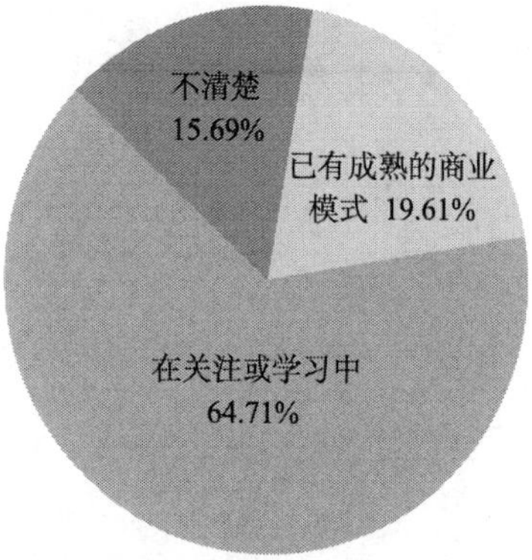

7. 受访对象所在公司对开展节能减排融资租赁项目的兴趣统计分析

兴趣程度	频数/人	频率/%	累计频率/%
尚未考虑	10	20.41	20.41
兴趣很大	21	42.86	63.27
刚开始进入	13	26.53	89.80
已做过很多项目	5	10.20	100.00
总计	49		

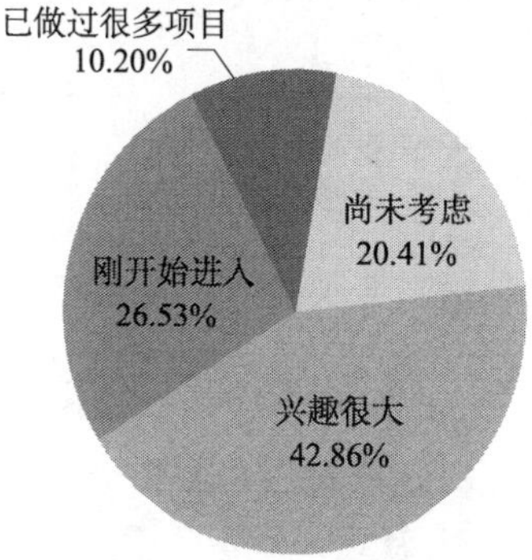

三 已做过节能减排融资租赁项目的融资租赁公司的反映

1. 在开展节能减排融资租赁业务时，受访对象对我国环保政策与融资租赁交易关系的评价统计分析

评价	频数/人	频率/%	累计频率/%
现有环保政策有利于融资租赁项目的开展	10	29.41	29.41
二者没有直接的联系	7	20.59	50.00
现有环保政策与节能减排融资租赁项目不能有效对接	17	50.00	100.00
总计	34		

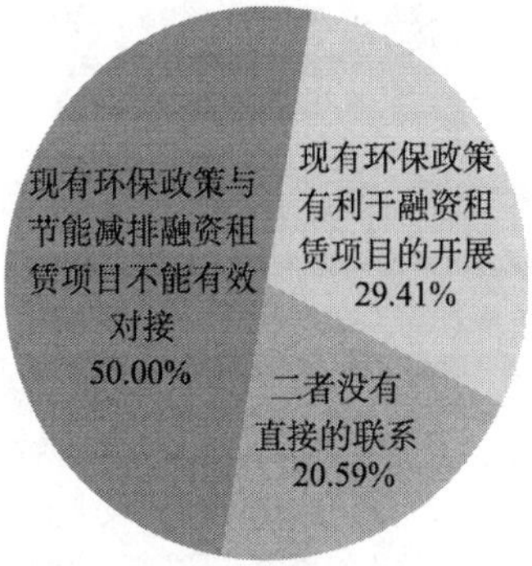

2. 根据受访对象过去节能减排融资租赁项目实践，认为节能减排融资租赁项目对我国节能减排目标的实现的作用的统计分析

作用大小	频数/人	频率/%	累计频率/%
作用很大	24	72.73	72.73
效果一般	7	21.21	93.94
不会有显著作用	2	6.06	100.00
总计	33		

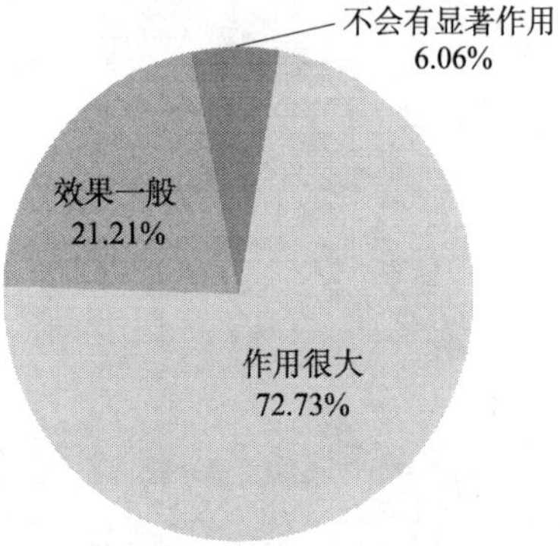

3. 根据受访对象过去的节能减排融资租赁项目，其认为节能减排融资租赁项目对融资租赁公司的贡献统计分析

贡献大小	频数/人	频率/%	累计频率/%
可成为利润增长点	14	37.84	37.84
仅是公司资产的一部分	8	21.62	59.46
目前很难成为公司的主要业务	15	40.54	100.00
总计	37		

融资租赁交易与节能环保及相关政策的问卷调查统计结果

——从节能服务企业的视角

本次问卷调查的对象是参与中国节能服务产业2011年度峰会的节能环保从业人员。在调查节能环保产业从业人员对此课题的看法时，共发放调查问卷450份，回收有效调查问卷31份，有效回收率为7%。中国节能服务产业峰会，是我国节能服务领域级别和规模都比较高的一个行业会议，参会的人员较多，级别也较高。但是，调查问卷的回收率却远远低于对融资租赁公司调查的回收率。从一定程度上说明，该领域对利用融资租赁来推动我国节能环保的总体的认知程度还是较低的。调查结果统计如下。

一 受访对象基本信息分析

1. 受访对象就职企业所属领域统计分析

领域	工业	基础设施	楼宇	农业	建筑行业	交通行业	其他
人数	11	3	2	0	4	1	12

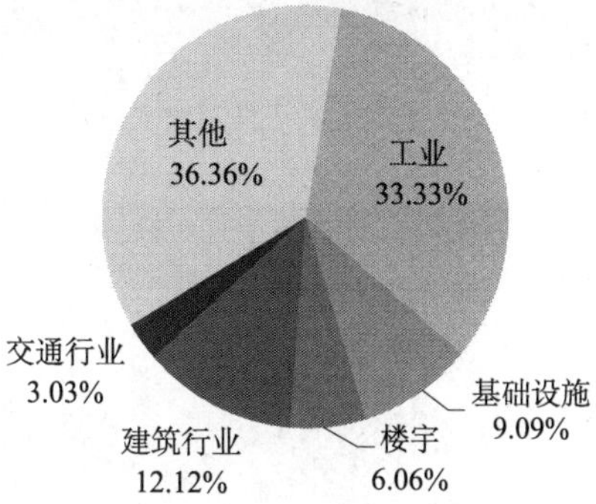

2. 受访对象就职企业所属领域的具体类别统计分析

类别	电力	煤炭	钢铁	有色金属	石油石化	化工
人数	10	2	5	2	5	6
类别	建材	造纸	纺织	印染	食品加工	其他
人数	4	1	1	1	1	12

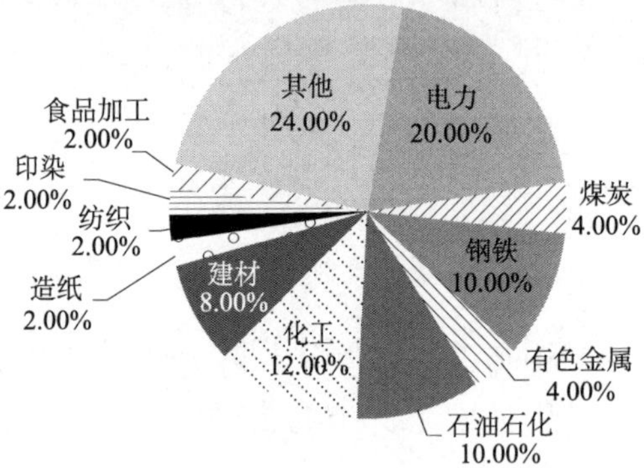

3. 受访对象在公司的职位统计分析

职位	高层	中层	业务经理	一般员工
人数	13	9	5	1

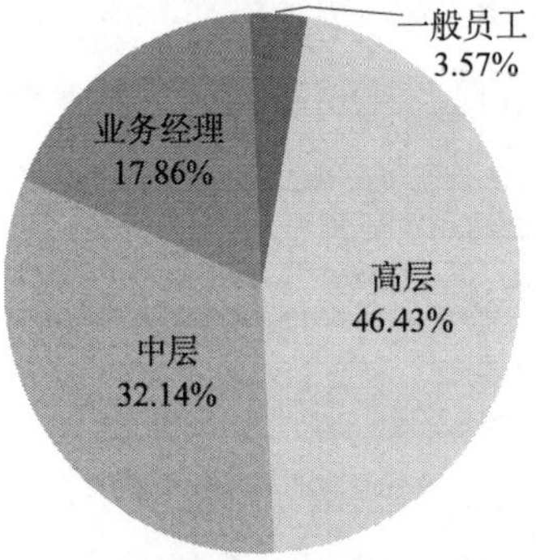

4. 受访对象所就职企业在节能减排或环保产业链上的类别统计分析

类别	污染物排放企业	节能环保设备制造企业	合同能源管理公司	合同环境服务中介机构
频数/人	0	8	21	2

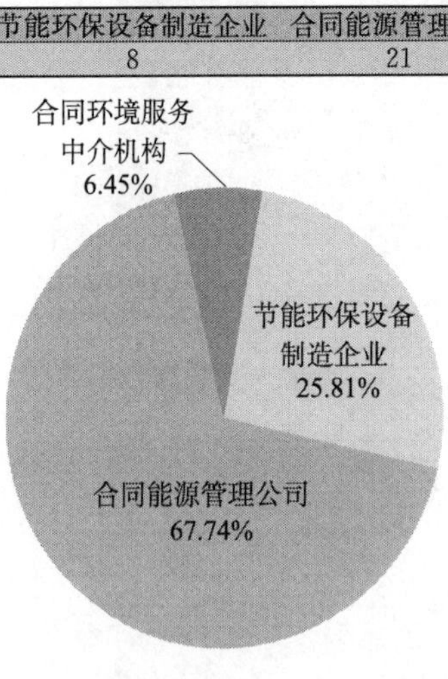

5. 受访对象就职企业涉足节能减排或节能环保治理领域的年限统计分析

年限	10 年以上	5～10 年	5 年以下	尚未开展
频数/人	6	9	11	1

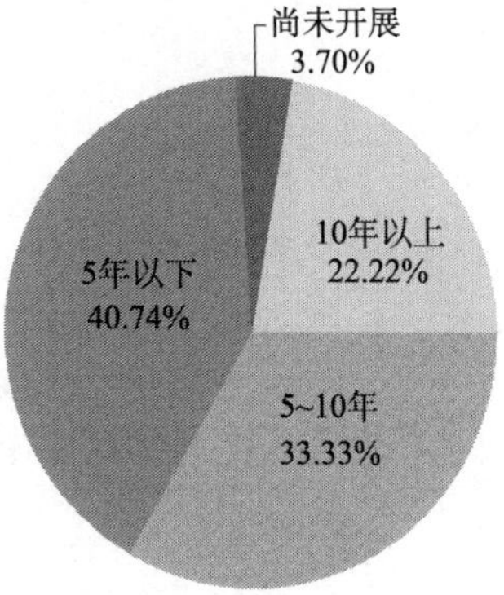

6. 受访对象所就职企业投资进行节能减排或节能环保项目时主要的污染物类别统计分析

污染物类别	碳排放和可以折合为碳排放的污染物的治理	不可以折合为碳排放的污染物的治理
频数/人	18	5

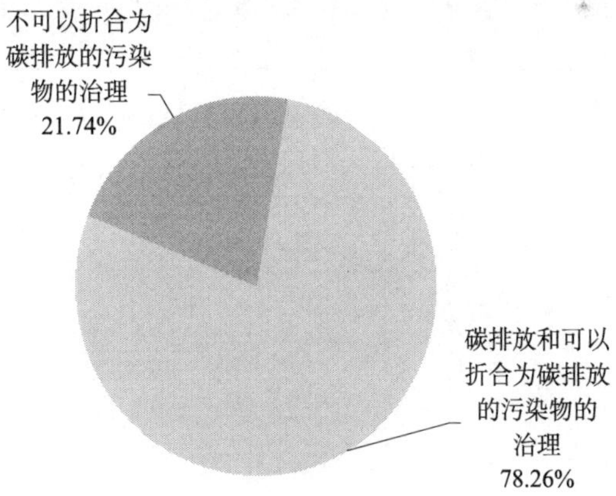

7. 受访对象所就职企业进行节能减排项目时主要的资金来源统计分析

资金来源	企业自有股本	发行企业债券	商业银行贷款	运用融资租赁	其他
频数/人	20		12	4	4

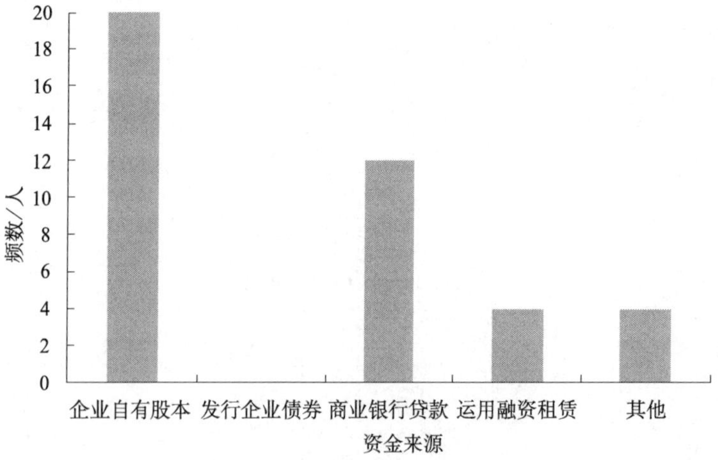

二 对节能减排中运用融资租赁的了解程度

1. 受访对象对节能减排和节能环保的含义及我国有关节能减排、节能环保政策的了解程度统计分析

了解程度	很熟悉/人	比较了解	一般	几乎不了解
频数/人	9	13	3	0

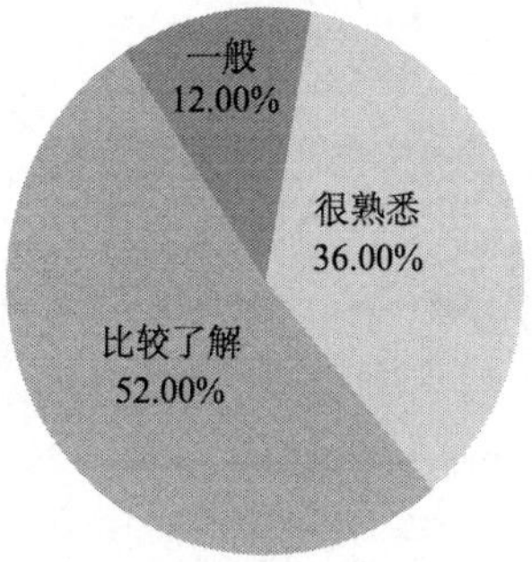

2. 受访对象认为最适合采用融资租赁方式进行节能减排投资的领域统计分析

领域	工业	基础设施	楼宇	家居生活	建筑行业	交通行业	农业
频数/人	16	10	7	0	7	4	0

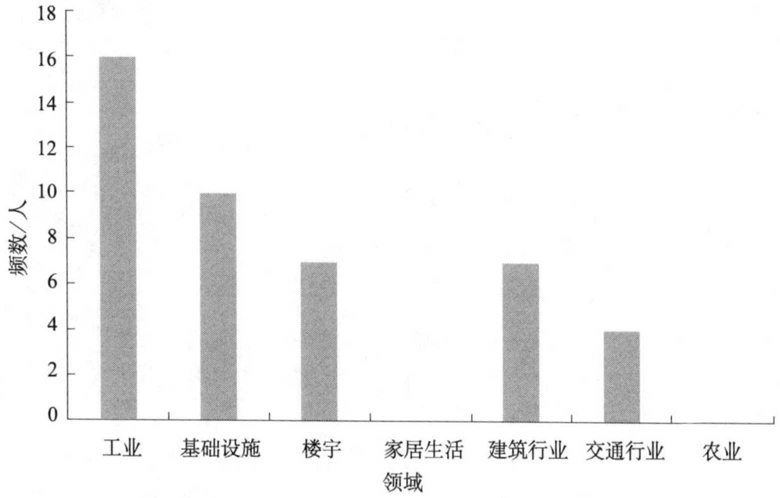

3. 受访对象认为融资租赁公司开展节能减排融资租赁项目时的最大风险统计分析

最大风险	节能环保技术的成熟度	客户自身的风险	交易本身的风险	自然的风险
频数/人	13	8	7	1

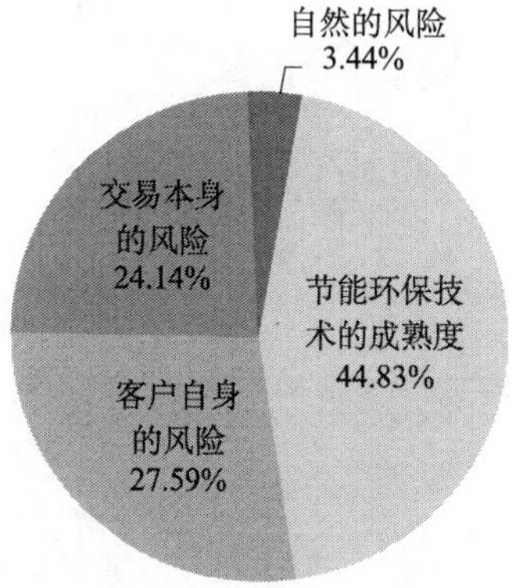

4. 融资租赁公司进入节能减排领域的障碍

障碍	节能环保专业技术人才	合作伙伴	节能减排的普及度	其他
频数/人	10	13	8	1

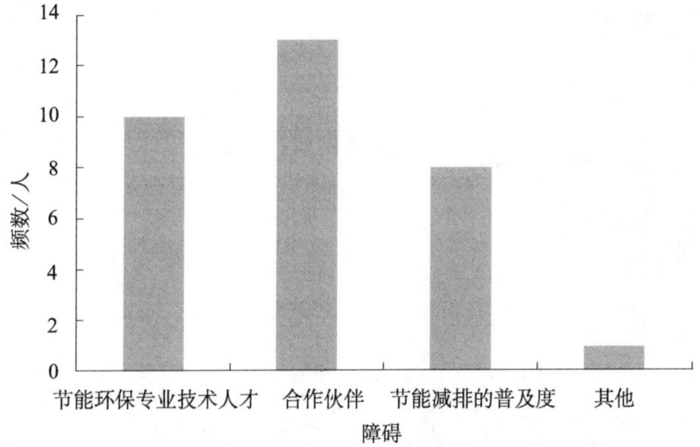

5. 受访对象对节能减排项目运用融资租赁的商业模式的了解程度统计分析

了解程度	本公司已有与融资租赁公司成熟的商业合作模式	正在学习或关注中	不清楚
频数/人	5	16	1

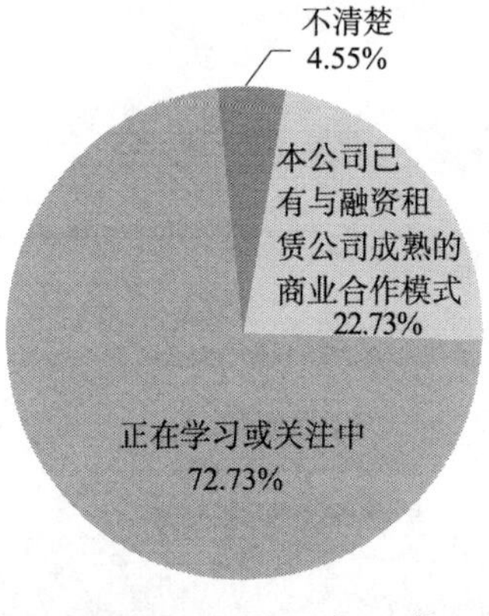

6. 受访对象所在公司对开展节能减排融资租赁项目的兴趣统计分析

兴趣程度	从未意识到这一融资途径	兴趣很大，正在研究中	刚开始采用	已经做了很多项目
频数/人	2	13	2	0

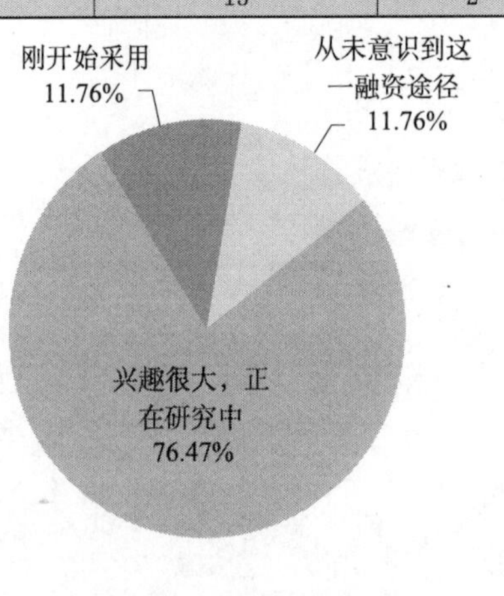

三 已做过节能减排融资租赁项目的节能服务公司的反映

1. 在开展节能减排融资租赁业务时，受访对象对我国节能环保政策与融资租赁交易之间关系的评价统计分析

评价	通过融资租赁，可提升这些政策的效应	二者没有直接的关系	现有环保政策与节能减排融资租赁项目不能有效对接
频数/人	12	4	3

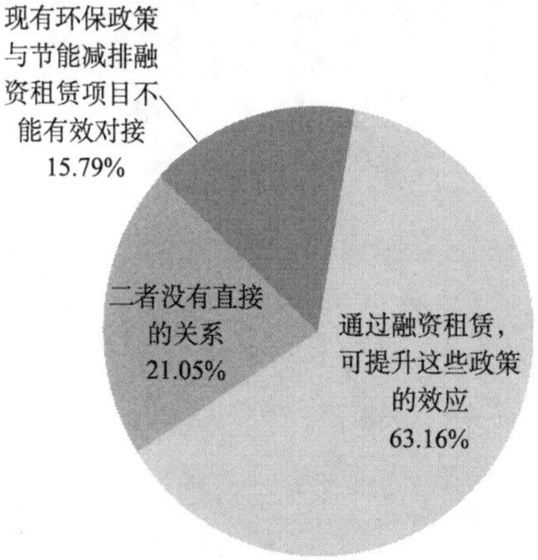

2. 根据经验，受访对象认为节能减排融资租赁项目对我国节能减排目标的实现的作用统计分析

作用大小	作用很大	效果一般	不会有显著的作用
频数/人	13	4	1

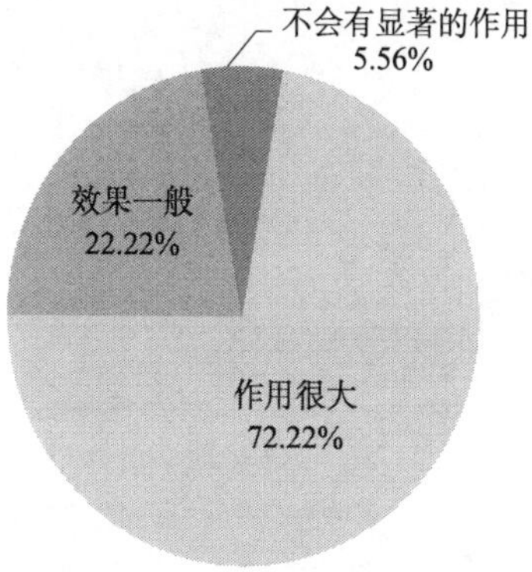

3. 根据实际经验，企业在节能减排项目中运用融资租赁的理由统计分析

理由	无法从商业银行获得贷款	企业自己不愿意为此投资	融资租赁公司允许节能企业用项目分成收入来偿还租金
频数/人	2	6	10

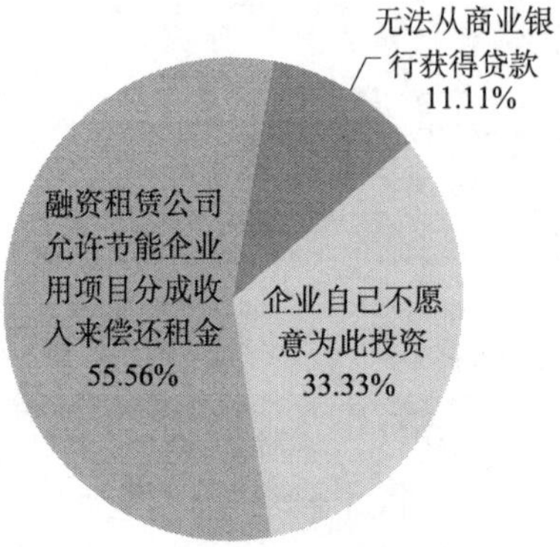

4. 受访对象认为节能减排融资租赁项目对企业的主要贡献统计分析

贡献	成为公司利润的主要增长点	解决了节能减排项目的资金缺口问题	有助于企业履行其所承担的社会责任
频数/人	6	11	4

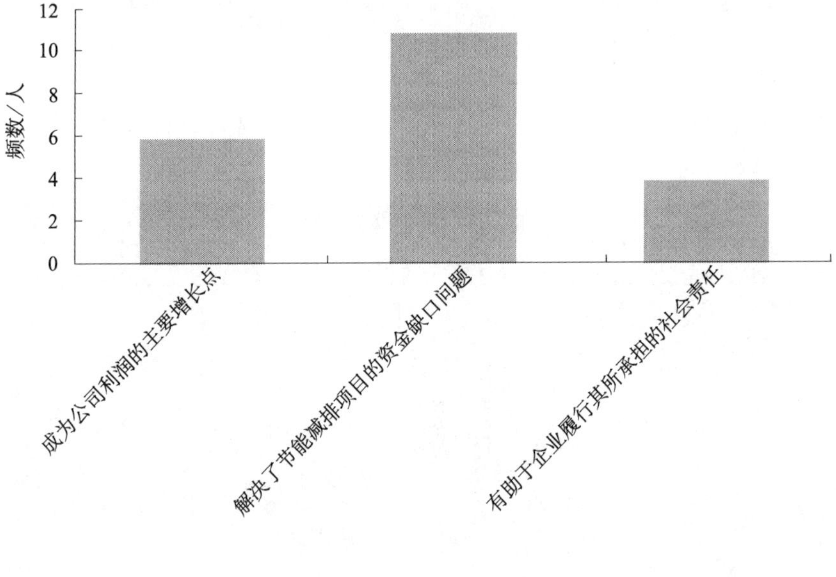

附录二

融资租赁交易与节能环保及相关政策的调查问卷
——从融资租赁公司的视角

节能减排是我国经济可持续发展所面临的一个紧迫问题。受环境保护部环境与经济政策研究中心的委托，对外经济贸易大学租赁研究中心承接了“融资租赁与节能减排投融资及相关政策研究”的课题。为了了解我国融资租赁公司对本问题的认知程度，以及在开展节能减排融资租赁项目时所遇到的技术、政策等方面的障碍状况，借助于本次外商投资企业协会融资租赁专业委员会2011年会议，特开展本次问卷调查。

衷心感谢您协助课题组完成本次问卷调查。

所选项目，除特别标注，均为单选题。请您在您认为正确的选项上画圈即可。

基本信息

1. 您所在公司所属的类别

A. 外资厂商　B. 外资金融　C. 外资第三方

D. 内资厂商　E. 内资金融　F. 内资第三方

2. 您所在公司成立的时间

A．2007年及之后　B. 2000～2006年年底　C. 1999年以前

3. 您在公司的职位

A. 高层　B. 中层　C. 业务经理　D. 一般员工

4. 您的从业年限

A. 10年以上　B. 5～10年　C. 5年以下

对节能减排融资租赁的了解程度

5. 您对节能减排的含义及我国有关节能减排的领域、政策的了解程度

A. 很熟悉　B. 比较了解　C. 一般　D. 几乎不了解

6. 您认为以下哪些领域的节能减排将成为融资租赁公司关注的重点（可多选）

A. 工业　B. 基础设施　C. 楼宇　D. 家居生活

E. 建筑行业　F. 交通行业　G. 农业

7. 您认为融资租赁公司开展节能减排融资租赁项目的最大风险是什么

A. 节能技术的成熟度　　　　　　B. 客户自身的风险

C. 交易本身的风险　　　　　　　D. 自然的风险

8. 您认为融资租赁公司进入节能减排领域的障碍是（可多选）

A. 人才　　　　　　　　　　　　B. 合作伙伴

C. 节能减排市场的普及度　　　　D. 其他（请给出具体的）

9. 您认为融资租赁公司开展节能减排融资租赁项目最大的挑战是什么

A. 政策与法律法规等外部环境　　B. 自身的经营理念与交易安排能力

C. 租赁公司的融资途径与能力

10. 您对融资租赁公司开展节能减排项目商业模式的了解程度

A. 本公司已有成熟的商业模式　　B. 正在关注或学习中

C. 不清楚

11. 您所在的公司对开展节能减排融资租赁项目的兴趣是

A. 尚未考虑　　　　　　　　　　B. 兴趣很大，正在研究

C. 刚开始进入　　　　　　　　　D. 已经做了很多项目

已做过节能减排融资租赁项目的融资租赁公司

12. 在开展节能减排融资租赁业务时，您对我国环保政策与融资租赁交易关系的评价是

A. 现有环保政策有利于节能减排融资租赁项目的开展

B. 二者没有直接的联系

C. 现有环保政策与节能减排融资租赁项目不能有效对接

13. 根据您过去的节能减排融资租赁项目实践，您认为节能减排融资租赁项目对我国节能减排目标的实现

A. 作用很大　　　　B. 效果一般　　　　C. 不会有显著的作用

14. 根据您过去的节能减排租赁项目实践，您认为节能减排融资租赁项目对融资租赁公司的贡献是

A. 可以成为公司利润的主要增长点

B. 仅仅是公司资产的组成部分

C. 目前状况下，很难成为公司的主要业务

再次感谢您对问卷的答复。如果您对本问题有进一步研究的兴趣，可留下您的姓名及联系方式，课题组在需要时愿与您切磋。

对外经济贸易大学租赁研究中心

2011 年 12 月

融资租赁交易与节能环保及相关政策的调查问卷
——从节能服务企业的视角

环境保护是我国经济可持续发展所面临的一个紧迫问题。受我国环境保护部环境与经济政策研究中心的委托，对外经济贸易大学租赁研究中心承接了“融资租赁与节能减排投融资及相关政策研究”的课题。为了了解我国企业对节能减排与融资租赁关系的认知程度，以及在开展节能减排融资租赁项目时所遇到的技术、政策等方面的障碍状况，借助于本次中国节能服务产业2011年度峰会，特开展本次问卷调查。

衷心感谢您协助课题组完成本次问卷调查。

所选项目，除特别标注，均为单选题。请您在您认为正确的选项上画圈即可。

基本信息

1. 您就职企业所属的领域

A. 工业　B. 基础设施　C. 楼宇　D. 农业

E. 建筑行业　F. 交通行业　G. 其他

2. 如果您所处的是工业领域，具体的类别是

A. 电力　B. 煤炭　C. 钢铁　D. 有色金属

E. 石油石化　F. 化工　G. 建材　H. 造纸

I. 纺织　J. 印染　K. 食品加工　L. 其他

3. 您在公司的职位

A. 高层　B. 中层　C. 业务经理　D. 一般员工

4. 您所就职企业在节能减排或节能环保产业链上的类别是

A. 碳或其他污染物排放企业　B. 节能环保设备制造企业

C. 合同能源管理公司　D. 合同环境服务中介机构

5. 您所就职企业涉足节能减排或节能环保治理领域的年限

A. 10年以上　B. 5～10年　C. 5年以下　D. 尚未开展

6. 您所就职企业投资进行节能减排或节能环保项目时，按照污染物的类别划分，主要是

A. 碳排放和可以折合为碳排放的污染物的治理

B. 不可以折合为碳排放的污染物的治理

7. 您所就职企业进行节能减排项目时，主要的资金来源是（可多选）

A. 企业自有股本　B. 发行企业债券

C. 商业银行贷款　D. 运用融资租赁方式

E. 其他

对节能减排中运用融资租赁的了解程度

8. 您对节能减排和节能环保的含义及我国有关节能减排、节能环保政策的了解程度

A. 很熟悉　　B. 比较了解　　C. 一般　　D. 几乎不了解

9. 您认为以下哪些领域的节能减排投资，最适合采用融资租赁的方式（可多选）

A. 工业　　B. 基础设施　　C. 楼宇　　D. 家居生活

E. 建筑行业　　F. 交通行业　　G. 农业

10. 根据您的经历或理解，您认为融资租赁公司开展节能减排融资租赁项目时的最大风险是什么

A. 节能环保治理技术的成熟度　　B. 客户自身的风险

C. 交易本身的风险　　D. 自然的风险

11. 根据您的经历或理解，您认为阻碍融资租赁公司进入节能减排领域的障碍是（可多选）

A. 节能环保专业技术人才　　B. 合作伙伴

C. 节能减排市场的普及度　　D. 其他（请给出具体的）

12. 您对在节能减排项目运用融资租赁的商业模式的了解程度

A. 本公司已有与融资租赁公司成熟的商业合作模式

B. 正在关注或学习中

C. 不清楚

13. 您所在的公司对运用融资租赁解决节能减排资金来源问题的兴趣是

A. 从未意识到这一融资途径　　B. 兴趣很大，正在研究

C. 刚开始采用　　D. 已经做了很多项目

E. 已做过节能减排融资租赁项目的节能服务企业

14. 在开展节能减排融资租赁业务时，您对我国节能环保政策与融资租赁交易之间关系的评价是

A. 通过融资租赁，可提升这些政策的效应

B. 二者没有直接的联系

C. 现有环保政策与节能减排融资租赁项目不能有效对接

15. 根据您过去的节能减排融资租赁项目实践，您认为节能减排融资租赁项目对我国节能减排目标的实现

A. 作用很大　　B. 效果一般　　C. 不会有显著的作用

16. 根据您过去的节能减排融资租赁项目实践，企业在节能减排项目中运用融资租赁的理由是

A. 无法从银行获得贷款

B. 企业自己不愿意为此投资

C. 融资租赁公司允许节能企业用项目分成收入来偿还租金

17. 根据您过去的节能减排融资租赁项目实践，您认为节能减排融资租赁项目对企业的主要贡献是（可多选）

A. 成为公司利润的主要增长点

B. 解决了节能减排项目的资金缺口问题

C. 有助于企业履行其所承担的社会责任

再次感谢您对问卷的答复。如果您对本问题有进一步研究的兴趣，可留下您的姓名及联系方式，课题组在需要时，愿与您切磋。

对外经济贸易大学租赁研究中心

“融资租赁与节能减排投融资及相关政策研究”课题组

2012年1月

附录三　关于租赁业的基本认识

一　租赁的概念

租赁是一种古老的经济交易形式。根据租赁交易所具有的最本质的特征，租赁交易可以分别从出租人和承租人两个角度来定义：租赁是出租人在一定时期内转移一项物（财产）的使用和收益的权利，以获得相应租金收入的行为；或者，租赁是承租人以支付租金为代价，在约定的时间内，以获得对一项物（财产）的使用权利并取得收益的行为。

如果仅从文字的表面看，“租赁”一词所对应的英文单词至少有两个：rental 和 lease；反之，如果把 rental 和 lease 翻译成中文，它们也都可以译成“租赁”。这种现象，在现代租赁，即融资租赁产生之前是成立的。但是，在融资租赁产生之后，则很难再找到一个能够反映全部租赁内容的英文单词。在中文的表述中，我们可采用“租赁”一词，来概括各种形式的租赁交易。而在英文的表述中，需要用两个不同的词 rental 和 lease，来分别表示两种不同类型的租赁形式。

缺乏对这种租赁交易的内在认识，使得在我国于改革开放之初引进现代融资租赁形式时，很难准确地阅读和翻译相应的英文文献与资料，由此而给我国造成了很多对租赁业的认识上的混乱。

二　两种类型的租赁及其相应的主要形式和基本功能

根据租赁交易的基本结构及其相应基本功能的不同，各种租赁形式可以分成两种最基本的类型，即传统租赁和现代融资租赁。这是租赁市场（亦称租赁业）的最基本的分类。

（一）传统租赁

1. 传统租赁的含义

传统租赁（rental or traditional rental or operational lease）是指出租人将自己原有的财产，或根据其对市场需求的判断而购进的具有相对通用性物件，通过不断出租给不同承租人使用而逐步收回租赁投资并获得相应利润的一种租赁类型。

2. 传统租赁的基本交易结构

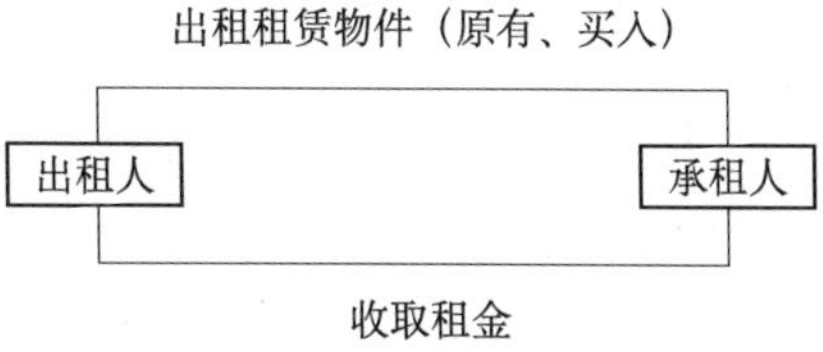

3. 传统租赁的基本特征

根据上述传统租赁的定义和基本交易结构，我们可以归纳出传统租赁具有如下基本特征：

（1）承租人的目的及交易期限。传统租赁交易以满足承租人对租赁物件的短期、临时需要为目的，所以租期较短。少数情况下也有长期租用的，如土地和房屋的租赁。

（2）租赁投资的决策人。传统租赁交易中，由出租人行使租赁投资的决策权，作为出租人购买租赁物件的过程是一独立行为，一般与承租人无关。这种做法符合交易的一般规律，即一项投资行为的投资决策人与出资人是统一的，在传统租赁交易中就是出租人。

（3）可解约性。租赁交易中的可否解约性是指在租赁合约有效期内，承租人是否有权以退还租赁物件为条件而提前终止合同，并不再支付未到期内的租金。由上述两个特征所决定，传统租赁交易中承租人拥有提前终止合同的权利，即承租人可根据本身的需要，在租赁交易到期之前，经过一定的手续提前终止合同。

（4）非全额清偿性。由传统租赁的第一、第二特征所决定，传统租赁是非金额清偿的。出租人的投资回收来源于不同的承租人在每一租期内所交纳的租金之和。反之，如果出租人在租赁物件报废之前收回的租金之和小于其租赁投资总额，也就意味着出租人在承担租赁物件过时的风险和租赁投资的风险。

（5）全方位服务。传统租赁交易中，出租人有义务向承租人提供关于租赁物件的相关服务，如对租赁物件的维护与保养，或在需要情况下的注册登记等。

（6）退租或续租两种选择权。这同样是由第一、第二特征延伸的特征。即租期结束后，承租人对租赁物件只会选择退租（当其不再需要时）或续租（当其仍需继续使用时）。由交易的内在本质所决定，承租人不可能选择留购，或者说，所有权是不会转让的。

（二）（广义）融资租赁

1. 融资租赁的含义

从交易的角度界定，融资租赁（financial leasing）是指出租人对承租人所选定的租赁物件，进行以为其融资为目的购买，然后再以收取租金为条件，将该租赁物件中长期地出租给该承租人使用。

2. 融资租赁的基本交易结构

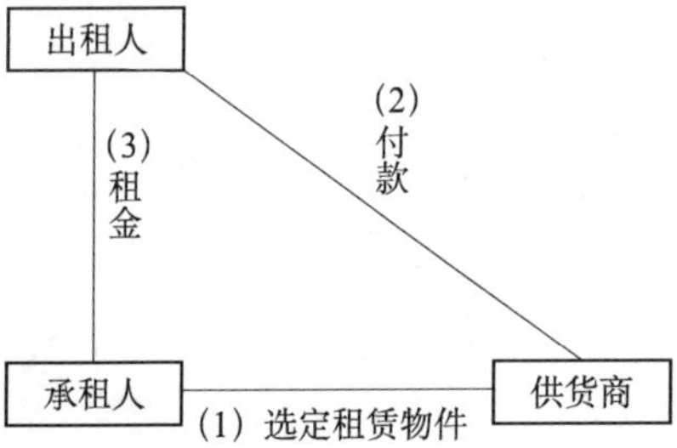

3. 融资租赁交易的基本特征

根据上述融资租赁的定义和结构分析，我们可以归纳出的融资租赁的最一般的特征如下。

(1) 至少三方当事人、两个合同。一项融资租赁交易至少由三方当事人，即承租人、出租人和供货商，并通过至少两个合同，即贸易合同和融资租赁合同有机组成。不同的融资租赁交易形式，参与交易的当事人及相应的合同有可能增加，如杠杆租赁中的债权人与投资人等。还有的融资租赁形式看上去只有两个当事人，这是由于当事人身份发生重叠的结果，如厂商租赁中的出租人与供货商集厂商于一身。

(2) 承租人选定拟租赁物件，但由出租人出资购买。正如我们在第一章关于融资租赁的定义及其理解中所做的分析，这是投资人的三重身份在租赁交易中发生裂变而导致的租赁发展。由承租人选定拟租赁的物件，这就意味着由承租人来行使投资决策权，但由出租人来承担租赁投资的出资人的义务。这种租赁交易中租赁投资决策人与出资人的分割，是使融资租赁不同于传统租赁的根本所在，并且还是决定着融资租赁其他一些特征的基本出发点。

(3) 不可解约性。拟租赁的物件通常为设备，是由承租人自选定的，出租人只需按照承租人的决策而出资购买，由此而决定，在租赁合约有效期内，承租人无权单独提出以退还租赁物件为条件而提前终止合同，即使是出现供货商所供货物与合同不符、存在瑕疵的情况，也不例外。

(4) 中长期融资。融资租赁以满足承租人对资金融通的需要为目的。出租人只负责按承租人的要求购买租赁物件，以融物的形式给承租人提供融资的便利。而融资租赁交易中的租赁物件以设备为主，设备的法定折旧年限都在 1 年以上，所以所有融资租赁交易的绝对期限，也肯定在 1 年以上，属中长期的融资。

三 租赁业的发展历程、内涵的丰富和功能的深化

根据现代产业分类，租赁业属于服务业的范畴。像贸易、借贷一样，租赁曾经是人类古老的经济行为之一。但是，经过漫长的历史发展进程，特别是20世纪50年代融资租赁的产生，使其赋予了古老的租赁服务以金融服务的内涵，使租赁业在物的租借的基础上又具有了融资的功能，从而使当今的租赁业成为一个既古老又朝阳的产业。这是租赁业能在世界范围内迅速发展，以及我国在建设社会主义市场经济的过程中，应该对租赁业给予充分重视和运用的根源所在。

（一）传统租赁的产生与发展及其基本功能

根据文献的记载，最初产生的租赁的形式，也就是本书所界定的传统租赁类型，从产生至今已有4000多年的发展历史。传统租赁服务的基本内涵是一种以满足人们（包括企业和个人在内的承租人）临时需要为基本目的的经济活动。

从租赁物件的发展过程来看，传统租赁交易中的租赁物件经历了从以不动产为主到不动产和动产并重的发展过程。今天，无论是发达国家，还是发展中国家，作为不动产的土地和房屋，都是最主要的租赁标的物。此外，在许多发达的市场经济国家，动产租赁所包括的租赁物件的种类，也已十分广泛，大到如天上的卫星通信设施，小到日常工具。无论是企、事业单位，还是个人消费者，利用传统租赁的方式，使其在购买才能使用的这种基本方式之外，还拥有了一种不购买也能满足使用需要的补充方式。

从从事出租服务的投资人的目的来看，传统租赁经历了投资人从利用闲置资产到专门从事设备租借服务的经营活动的发展过程。就租赁投资人的目的而言，在传统租赁产生之初，租赁投资人主要还是将自己已经拥有的财产或长或短地出租给承租人使用，以充分利用现有资源。今天，除了上述租赁的投资人外，又增加了两种专门投资租赁业的投资人。一种是投资设立专门提供租赁服务的租赁公司。这类投资人根据其自身对租赁市场需求的判断，购进专门用于租赁的租赁物件，通过不断经营这些租赁物件而获利。另一种是一些生产设备的制造厂商，将租赁方式应用于其产品的营销，在促进本企业产品的销售的同时，保护本企业的专有技术，避免竞争。而早期出现的厂商类租赁投资人，其实已经具备了现代融资租赁的雏形。只是由于当时这种理念只为少数企业，尤其是拥有专利技术的设备制造企业所采用，而未在当时得到全社会广泛的认可。

今天，发达国家经营传统租赁业务的租赁公司的组织形式与管理水平，都

得到了不断的完善与提高。就出租人的经营方式而言，从最初的偶然的随机的行为，到后来的专业化经营，直至今天的连锁经营或专业连锁经营。就出租人的服务与管理水平而言，最初的租赁主要是出租人有什么就出租什么，根本不存在服务和管理的问题。而今专业化的租赁公司已成为现代化的企业，不仅有完备的管理水平，而且由于市场竞争的压力，通常作为出租人的租赁公司可以为承租人提供关于租赁物件维护保养、注册登记等的全方位的服务。

（二）融资租赁的产生与发展及其基本功能

现代融资租赁的雏形产生于20世纪之初的英国和美国。而融资租赁方式的正式产生，源于第二次世界大战期间美国政府与美国企业之间所建立的军需产品的生产机制。当时，美国政府为节约政府开支，在与国内生产厂家签订军需产品的生产合同时，只允许生产厂家在成本之上附加很少的利润（即成本附加法）。与此同时，美国的这些生产厂家也十分清楚，一旦战争结束，政府就不会再与他们签订新的合同。较低的销售价格和不确定的生产期限，迫使这些得到政府订单的企业不得不考虑他们的设备投资的回收问题。所以，与自己投资购买相比，通过租赁而获得所需设备则可有效地将设备投资回收的风险降到较低的程度。于是，当时政府为了获得所需要的产品，对于生产企业所需要的专业化机械设备，政府常常扮演了出租人的角色。第二次世界大战之后，这一方式迅速成为美国金融市场的金融创新工具而广泛推广。

通过上述现代融资租赁的产生过程来看，融资租赁的产生是原有的以货币为载体的信用融资与传统租赁有机结合的产物。在这种兼具信用融资与租赁交易特征的新的交易形式中，融资，并且是以信用方式进行的融资，仍是其基本的属性。因为，用户（即承租人）采用这种形式的目的是为获得设备而进行的筹资行为，并且要通过支付租金的方式逐步偿还本息。但是，与原有的各种信用融资方式相比，这种信用融资的新形式又发生了一些显著的变化。其一是交易载体的变化。由直接的货币融资变成了融资与融物的结合，对用户而言，其实际的交易载体是以生产设备为主的实物，融物使其具有了租赁的属性。其二是交易结构的变化，由以货币为载体的信用融资方式或以让渡物的使用权的传统租赁中的两方当事人结构，变成了一项融资租赁交易，即由承租人、出租人和供货商三方当事人有机组合在一起的交易。融资租赁的这两个基本特征，也为其在产生之后的进一步发展提供了空间。作为一种金融服务，融资租赁服务的基本内涵是以满足企业融资需要为基本目的的经济活动，但在以物为载体的前提下，出租人在为承租企业提供资金融通的同时，还可提供关于租赁物在法律所有权、会计和税收的经济所有权上的各种服务，从而使其显著区别于传统的以货币为载体的信用融资方式，而在美国，进而在世界范围内广泛发展。

现代融资租赁业的出现，同时赋予了传统租赁和以货币为载体的信用融资形式以全新的内涵。从金融角度，融资载体实物化，但“融物”仅仅是形式，“融资”才是本质，因为出租人按照承租人的选择购买租赁设备，具有垫付资金的基本内涵；而出租人又通过收取租金的形式，将其给承租人垫付的资金连本带息地收回，具有了债权融资的基本特征。所以，从简单融资租赁开始，就使这种类型的租赁具有了金融服务的特性。当承租企业运用融资租赁方式筹资时，也可称为租赁融资。正因为此，西方经济学家将以简单融资租赁形式出现为标志的融资租赁的产生，称为第二次世界大战之后金融市场的第二项金融创新，是一项全新的金融品种。

从租赁业发展的进程来看，传统租赁是一种商业服务性质的交易，这种商业服务可以是单纯地对物的服务，即只出租给用户所需要的租赁物件，还可以采取物与人组合的服务模式，即出租人在给用户提供物的同时配备对该物的操作人员。但无论哪种模式，都是属于商业服务的性质。融资租赁的出现，由满足用户短期使用变为以中长期融资为目的，使其具备了一种与作为它的产生基础的传统租赁完全不同的交易属性——金融属性。融资租赁将古老的租赁行业赋予融资的功能，使租赁这一古老的行业衍生出全新的理念，使租赁这一古老的经济活动焕发出新的生命活力，也使融资的特征更加丰富。所以，融资租赁自其在美国产生之后，不仅迅速得到美国企业，而且也得到其他国家的企业的普遍接受，由此而形成了大量的需求，从而带动了全球融资市场的迅速扩大与发展。因此，融资租赁也就成为第二次世界大战结束以来，继欧洲货币市场之后的第二个金融市场创新。

融资租赁自产生后又经历了不断成熟与完善的发展过程。如果我们把世界融资租赁市场作为一个整体来考察，就会发现，融资租赁从产生至今的50多年间，经历了一个从低级向高级不断发展的进程。这一发展的过程，大致可以分为以下五个阶段①。

第一，简单融资租赁也就是融资租赁产生的阶段，这是融资租赁从无到有的阶段。融资租赁业的出现，从根本上改变了传统租赁业夕阳产业的地位。而传统租赁与金融产业的结合，也使得金融产品的属性发生了显著的变化，使金融产品由单纯的以货币为交易载体的属性变为不仅具有以货币为交易载体，还具有以实物为交易载体的属性的产品。尽管这一阶段的融资租赁产品与原有的金融产品的差异主要表现在形式上，但正是这种形式的变化，为融资租赁今后从实质上区别于原有的金融产品的发展奠定了基础。融资租赁的发展使融资租

---

① Shawn H，Sudhir P. Amembal. Equipment Leasing，Institute of America，1995Inc.

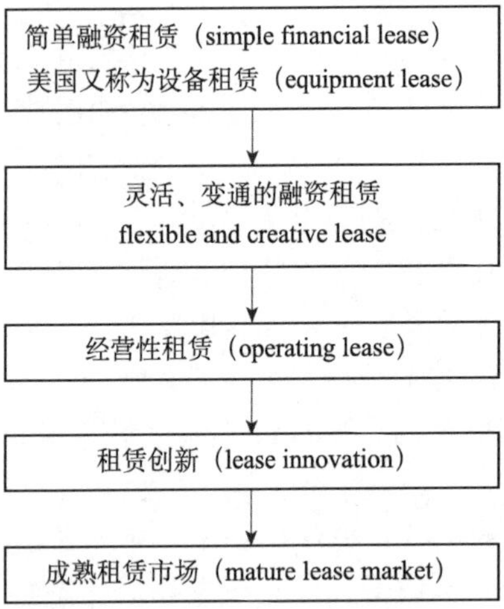

赁这一概念在产生之初和发展之后的内涵不尽相同。为了区分不同阶段下的融资租赁的内涵，现在人们常常在产生之初的融资租赁概念前加上“简单”二字。

第二，灵活、变通的融资租赁发展阶段。融资租赁发展过程的第二阶段是灵活、变通的融资租赁阶段，这一阶段反映着融资租赁业对不断增长的竞争所做出的相应调整。虽然这一阶段的租赁仍是以融资为主要目的，但随着竞争的深化，出租人感到他们必须专门化其业务。一种方法就是使租赁朝着满足承租人对现金流量需要的方向发展。结果，融资租赁周期在这一阶段上的显著特点是一些灵活的、创造性的租赁结构的产生，如杠杆租赁等。租期结束时，除允许承租人以象征性价格留购租赁资产外，还提供残值选择权。这种具有残值选择权租赁结构的推出，使融资租赁交易开始与以货币为载体的信贷方式更加不同。同时，有关租赁的税收与会计管理制度的颁布，为租赁周期的下一阶段——经营性租赁的出现创造了条件。

第三，经营性租赁。融资租赁发展过程的第三阶段是经营性租赁的产生。促成一国租赁市场进入这一阶段，主要需要三个条件：第一，该国融资租赁市场已经发展到一定程度，出租人竞争的加剧，迫使出租人通过开展承担更大风险的经营性租赁来提高竞争力；第二，租赁会计准则的颁布；第三，该国正在形成或已经具备二手货市场，以此来满足出租人管理租赁资产残值风险的需要。经营性租赁的最基本的特征是非全额清偿性，并由此而派生出租期期末租赁资产所有权处置方式的多样性，包括退租、按公平市价的留购和续租。此外，出租人的盈利点也从单一的租赁利息收益变为基本租期内的利息收益加上租期结束时处置租赁资产残值时所可能的资产溢价收益及为承租人提供全方位服务时的服务收益等。由于经营性租赁对资产风险管理的需要，经营性租赁的资产类型主要包括各种类型的交通工具、计算机和办公用品等存在着较高的技术过时风险、二手市场较发达的设备。

第四，租赁与金融创新相结合的租赁创新阶段。融资租赁发展过程的第四阶段是创新租赁产品的出现。这种租赁产品的创新，主要是已有的融资租赁的各种形式与金融创新有机结合的产物，如专门投资于租赁交易的投资基金、与项目融资相结合的项目租赁、与债权证券化相结合的租赁证券化和与风险投资相结合的风险租赁等。这一阶段的主要特点是出租人通过寻求更低成本的资金来源、提高租赁资产的流动性等方式，来进一步提高出租人的竞争力。因为一国租赁业的发展阶段越高，其竞争也就必然愈加激烈。

第五，一国租赁市场进入成熟期。融资租赁发展过程的第五阶段是一国租赁市场进入成熟期。租赁成熟期的一个基本标志是租赁渗透率基本不变，并保持在30%左右，租赁市场趋于饱和。此时，租赁产品几乎变成了商品，租赁产品之间的差异变得很小。出租人开始通过加快办理租赁业务手续和提供资金融通的速度、提高对顾客服务的水平、加强内部管理、减少费用增加收入等手段来保持盈利。出租人之间的兼并和收购成为租赁业进入成熟期后的自然产物。

对于已经存在融资租赁的国家，目前，各国所处的发展阶段并不完全相同，从低级阶段向高级阶段发展所需要的时间也不完全相同。美国是世界租赁市场最发达的国家，英国、澳大利亚已处于租赁创新阶段，韩国处于经营性租赁阶段，而中国则基本处于灵活、变通的融资租赁发展阶段。处于高级租赁发展阶段的国家，仍然包括低级阶段的租赁形式；反之，处于低级租赁发展阶段的国家，尚不会存在高级阶段的租赁形式。一般而言，每个国家租赁市场的发展，都经历了从初级到高级的发展过程。

（三）两种租赁形式的协调发展，构成了现代租赁业的完整内容

从中外租赁业发展的进程看，第二次世界大战后，融资租赁在美国的产生，使原有的租赁业内涵发生了本质变化，融资租赁赋予古老租赁交易以金融服务的内容。相应地，在租赁市场比较发达的国家和地区，租赁交易都被分为两种类型：传统租赁（rental）和融资租赁（leasing）①。

两种类型的租赁交易，具有对立与统一的关系。二者的对立，表现为两种类型的租赁交易具有显著的经济特征差异，因此，两种类型的租赁交易，构成了两种不同类型的租赁市场。区分两种类型租赁交易的目的，在于发现不同类型租赁交易所具有的不同经济特征，以便从理论的角度总结其所具有的

---

① 根据课题组对英语国家租赁业内人士的调查，在租赁业内，对两种类型的租赁概念的使用是比较明确的，即rental和leasing。但是，对用什么词来表示涵盖两种类型在内的租赁业，也存在着比较含糊的现象。比较多的情况下，采用“lease”一词。

规律性的内容，更好地发挥其在经济中的作用。并且，在对两种租赁市场再细分时，划分的标准不尽相同。传统租赁市场常常按租赁物件的不同而细分，如汽车租赁、工程机械租赁、计算机租赁、花卉租赁、家具租赁等，不胜枚举。在发达国家的传统租赁市场，租赁物的种类，应有尽有。而融资租赁市场的细分，多数情况下，是按交易结构的不同而划分的，如根据融资租赁交易是否全额清偿，融资租赁可分为简单融资租赁和经营性租赁，根据一项融资租赁交易中投资人多寡的不同，融资租赁可分为单一投资者租赁和杠杆租赁等。不过，租赁交易是一种典型的与物相关的经济交易行为，以物聚合必然是租赁交易的共性。所以，一些融资租赁交易的出租人也可以物归类，但在此基础上，仍然会根据交易结构的不同，而进一步细分市场。而二者的统一，表现为两种类型的交易，都是以物的租赁关系为交易基础的。进而，在现实社会中，提供两种租赁服务的机构，既可以是独立的，也可以一体的。也就是说，提供租赁服务的出租人，既可以单独地只提供某一种设备的传统租赁服务，或是单独地提供融资租赁的服务，也可以同时提供这两种类型的租赁服务。

四 认识租赁业的基本方法及有关租赁业的基本制度框架

要完整、准确地理解和把握租赁业，掌握认识租赁业的基本方法十分重要。对租赁业的认识，可以分为租赁的内涵和租赁的外延两个层次。租赁的内涵表现为对租赁市场的认识，具体表现为租赁业的两种基本类型，尤其是融资租赁的发展阶段和相应的形式，租赁市场的结构（主要是出租人结构、承租人结构、租赁资产的结构），以及租赁交易的程序。租赁的外延表现为对租赁市场制度规范的认识，主要表现为有关租赁交易的法律、会计、税收的规定，以及关于融资租赁机构监管和一些特殊租赁物的相关规定。上述关于租赁内涵和外延的理解，如下图所示。

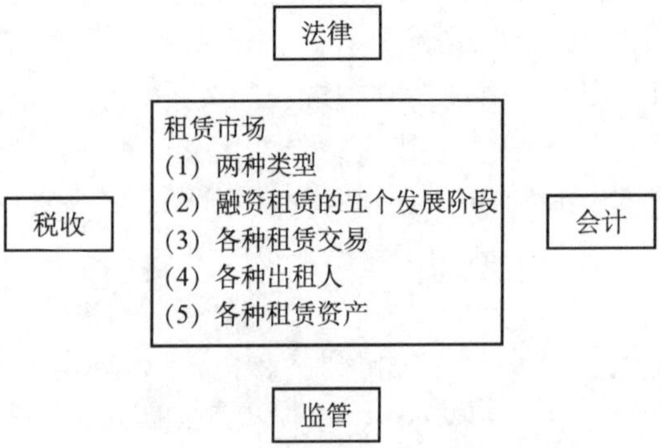

完整、准确地对租赁市场及相关的制度规范进行准确的界定，找出各种租赁形式的分类基础和形式之间的内在逻辑关系，对于租赁交易的参与者准确把握各种租赁形式的基本特征，对于租赁业的监管部门和租赁交易的仲裁与司法部门全面、系统并准确地了解租赁业、客观地规范租赁市场、恰当地实施监管，都有着不可小觑的意义。

后　记

关于这部书稿，从课题立项、到完成研究报告、再到获得科技部的出版资助，期间所经历的曲折与起伏，让我按耐不住地想与读者和我的朋友们来分享其中的感悟。

本书源自环境保护部环境与经济政策研究中心的课题《融资租赁与节能减排投融资及相关政策研究》。

2009 年年初，机缘巧合，我有幸结识了环境保护部环境与经济政策研究中心的领导与专家，交流中谈到了我国节能减排与环境保护话题，我们之间跨学科的思想碰撞，促成了 2009 年年底本课题的立项。

然而，课题启动不久，我却突发人生中第二次最严重的疾病。2010 年 3 月 20 日，在经历了 5 天紧张的教学，并应北京师范大学经济学院学生会的邀请，给 200 多名学生做了关于我国融资租赁业在国民经济中的地位与作用的讲座之后，我的右耳，在没有任何先兆的情况下，竟突然间完全丧失了听力，并带来严重的全身不适。从同仁医院耳科老主任到北大第一附属医院的留日回国医生、从西医到中医的诊治，从公费治疗到自费购药，所有的努力，再也没有换回右耳的正常听力。这次生病的经历，让我深刻领悟了生命的脆弱与人生的无常。

由于生病而未能按期完成课题，课题出现延误。感谢环境与经济政策研究中心项目联系人安祺给予的积极协调与支持。

2012 年年底，在全体课题组成员持续的共同努力下，研究报告终于得以完成，感谢我们课题组全体成员的共同努力，让我们的关于我国节能环保过程中如何运用融资租赁的理念终变为文字。感谢我所指导的北京经开融资租赁公司总经理刘若鸿博士后、中信银行的胡永强博士生，他们与我一起，完成了基础内容的写作。感谢安祺研究员，贡献了有关我国环保政策与投融资等方面的观点与分析；感谢我指导的日本籍博士生伊藤敏子和硕士研究生邓朝云，她们分别利用自己的日语能力和德语能力，为课题组查询了大量的日文文献和德文文献，让我们了解了日本和德国节能环保与融资租赁的相关实践与政策；感谢我指导的博士生李海凤和硕士研究生任甲未、邓诗竹，他们在研究初期，做了大量的我国关于节能环保的政策汇集与分析；感谢我指导的研究生黄妮娜与于晨光所进行的问卷调研。

特别感谢我国融资租赁业界的屈延凯前辈，他是最早关注在我国节能环保领域运用融资租赁的业内专家之一，本书的立论及书中诸多具体的观点与思想，都来自于他的前期研究成果。感谢时任西门子财务租赁公司的杨钢总经理与山东融世华融资租赁公司的孙红总经理与课题组分享他们在这个领域中的实践经验。

这部书稿的出版过程，也是一波三折。2013 年 9 月，适逢对外经济贸易大学推出研究专著出版资助项目，我们提出了申请。然而，该书稿却未获得该资助项目。我们坚信，这一成果是有社会价值的。正当我们准备自费出版之际，我们通过对外经济贸易大学又看到了科技部软科学研究出版资助的项目信息。最终，2013 年底，本书以代表书稿的身份，名列科技部 2013 年软科学出版资助项目文件之中。感谢中国经济出版社的于宇编辑，尽管他已帮我们启动了自费出版的流程，当得知这一书稿因获得科技部出版资助而必须由科学出版社出版时，他满足了我们的需要。

今天，书稿即将付梓，再回读全部内容，我们发现，尽管从本课题的立项到今日即将出版已历时 7 年，我们的研究成果没有过时，仍顺应着我国社会发展的需要。迄今为止，我国仍面临严峻的环境治理问题，恰当地运用融资租赁仍是有效解决我国节能环保领域投融资需求的路径与措施之一。与此同时，在这 7 年间，我国融资租赁业的蓬勃兴起，越来越多的金融与融资租赁公司开始关注这一领域，已有部分公司将节能环保类设备的融资租赁作为其业务主攻方向之一。如果这部书稿能为我国关注节能环保融资租赁的企业与投资人，提供一些思路，我们将感到十分的欣慰。

当然，我们也深深地意识到，我们的研究深度还有待提高，我们的研究成果，还有待具体化，特别是，对于从金融或融资租赁公司运营管理的角度，如何恰当地设计节能环保融资租赁的相关产品，使其成为公司日常经营过程中的一项基本业务，是节能环保融资租赁所面临的更加具体的挑战。我们欢迎业内同仁对我们研究成果中的错误与不足提出指正，我们期待与业内同仁进一步分享大家在这一领域中的实践经验。

自信、坚持与感恩，是我们对这部书稿的最终感悟！

课题负责人　史燕平

2015 年 6 月 15 日　于北京